平成29年改訂
小学校 教育課程実践講座

図画工作

奥村 高明 編著

ぎょうせい

はじめに

　今回，平成29（2017）年3月に告示された小学校学習指導要領図画工作では，資質・能力の観点から内容や構造，示し方が改善された。造形遊び，絵や立体，工作，鑑賞などの領域自体には変更はないが，「知識及び技能」「思考力，判断力，表現力等」「学びに向かう力，人間性等」の三つの柱で目標と内容が整理されている。

　今回の改訂によって，教師にとっては，資質・能力同士の関係，資質・能力と造形遊び等の関係などが明確になり，どのような授業を行う上でも三つの柱を意識して学習を進めることが容易になった。子供たちにおいては，自らのよさや可能性を主体的に発揮しながら，自分と材料・用具，自分と画面や空間，自分と友達，さらに生活や社会，文化など様々な資源と対話し，より深い創造活動を実現することができるだろう。

　本書は，現在，学習指導要領改訂に最も詳しい執筆陣によって作成されている。前回と今回の改訂ポイントの相違，学習指導要領の内容や構造，改善のねらい等を基に，実際の授業場面，指導計画の作成や評価などの具体的な観点から解説されている。読者におかれては，単に学習指導要領の改訂のポイントを理解するだけでなく，教育実践として図画工作科の重要性や学習活動などについて理解することができると思う。

　図画工作科は表現も鑑賞も創造活動である。未来を切り拓く子供たちにとって必要な学力と生きる力を形成する。多くの先生と子供たちにとって本書が役立つことを願っている。

編著者　奥村高明

目　次

第1章　図画工作科の学習指導要領を読む

第1節　新しい学習指導要領が目指す図画工作科の授業
　　　　——資質・能力ベースでの学びづくり—— ……………………2

Q　新しい学習指導要領における図画工作科の改善のポイントを教えてください。　2
　1　「何を教えるか」から「何を学びとして育むか」へ　2
　2　目標及び内容の改訂　3
　3　「見方・考え方」を授業改善に生かす　4
　4　育成する資質・能力で考える題材の充実　7

第2節　学習指導要領が目指す図画工作科で育てる資質・能力 ………8

Q　図画工作科で育成を目指す資質・能力とは，どのようなものですか。　8
　1　「知識及び技能」　8
　2　「思考力，判断力，表現力等」（発想力・構想力）　13
　3　「学びに向かう力，人間性等」　16

第3節　図画工作科の主体的・対話的で深い学び ………………… 19

Q　「主体的・対話的で深い学び」という授業改善の視点が示されています。図画工作科における「主体的・対話的で深い学び」とはどのようなものか，教えてください。　19
　1　それは，なぜ求められるのか？　19
　2　それは，どんなものなのか？　21
　3　それが目指すものとは？　26

第4節　図画工作科の深い学びを支える「見方・考え方」……27
- Q 図画工作科における「見方・考え方」とは，どのようなものですか。　27
  1　各教科等の目標で示された「見方・考え方」とは何か　27
  2　図画工作科における「造形的な見方・考え方」と指導　28
  3　図画工作科の目標と「見方・考え方」　33

第2章　学習指導要領に基づく図画工作科の授業づくりのポイント

第1節　学習指導要領新旧対応ポイント
――何が変わるのか，何を変えるのか―― ……36
1　目　標　36
2　内　容　40
3　指導計画の作成と内容の取扱い　53

第2節　資質・能力を踏まえた指導計画の作成
――題材づくりと学習指導のポイント―― ……59
1　第1学年・第2学年　59
2　第3学年・第4学年　71
3　第5学年・第6学年　83

第3節　資質・能力ベースでの図画工作科の評価の在り方……95
1　学習評価の役割　95
2　図画工作科の評価は難しいのか？　95
3　資質・能力で整理された新学習指導要領　96
4　評価の具体　98
5　授業改善の視点としての評価　106

第3章　学習指導要領が目指す新しい図画工作科の授業

第1節　造形遊び …………………………………………………………… 110

1　第1学年・第2学年　110
　●題材名「つんでならべて竹ワールド！」
2　第3学年・第4学年　115
　●題材名「新聞紙長〜く切って，それから…」
3　第5学年・第6学年　120
　●題材名「中庭変身作戦！〜白い材料で〜」

第2節　絵や立体，工作 …………………………………………………… 125

1　第1学年・第2学年　125
　●題材名「あそびにおいでよ！　夢のまち」
2　第3学年・第4学年　131
　●題材名「土からうまれる」
3　第5学年・第6学年　138
　●題材名「ある日，森の中」

第3節　鑑　賞 ……………………………………………………………… 145

1　第1学年・第2学年　145
　●題材名「『ここみてしいと』にかいてみよう！」
2　第3学年・第4学年　153
　●題材名「光の窓に……」
3　第5学年・第6学年　158
　●題材名「和のせんす」

第4章　学習指導要領を活かす図画工作科のカリキュラム・マネジメント

第1節　図画工作科の社会に開かれたカリキュラム …… 166
Q　「社会に開かれた教育課程」に図画工作科ではどのように取り組めばよいですか。　166
 1　社会に開かれた教育課程の実現に向けて　166
 2　図画工作の「社会に開かれた教育課程」における三つの視点　167
 3　鑑賞における「生活の中の造形」　168
 4　子供の姿から教師が学ぶ　169
 5　子供の学びを社会と共有する　171
 6　地域人材・施設などの活用（社会教育の視点から）　173
 7　図画工作の社会に開かれた教育課程の意義　174

第2節　小学校・中学校・高等学校を通した図画工作科の在り方 …… 175
Q　今回の改訂では，資質・能力を柱として，小・中・高の教育内容の構造化が図られたと聞いています。図画工作科（美術科，芸術科）における構造化のポイントを教えてください。　175
 1　「カリキュラム」の本来的な意味　175
 2　育成する資質・能力を明確にしたカリキュラムづくり　176
 3　前後の学年を見通したカリキュラムづくり　177
 4　子供の成長を見通したカリキュラムづくり　178

第3節　新学習指導要領を反映した図画工作科の授業研究の在り方 … 182
Q　新しい学習指導要領を踏まえ，図画工作科の授業研究はどのように進めていけばよいでしょうか。　182
 1　これからの授業研究の在り方　182
 2　事後よりも，事前に力を注ぐ校内研究へチェンジ　184
 3　教育研究会の討議会が授業研究へチェンジ　185
 4　図工作品展を活用して，育つ力を味わう校内研究をス

            タート　187
        5　実技研修から，授業づくり研究へチェンジ　188

資料：小学校学習指導要領（平成29年3月）〔抜粋〕　191
編者・執筆者一覧

第 1 章

図画工作科の
学習指導要領を読む

第1節
新しい学習指導要領が目指す図画工作科の授業
―資質・能力ベースでの学びづくり―

Q 新しい学習指導要領における図画工作科の改善のポイントを教えてください。

1 「何を教えるか」から「何を学びとして育むか」へ

　平成28（2016）年12月21日の中央教育審議会答申の改訂の方向性において，「よりよい学校教育を通じて，よりよい社会を創る」という目標を標榜した。学校関係者のみならず，地域や保護者などを含む，全ての人で目標を共有し，連携・協働しながら，未来の創り手となるために必要な資質・能力を育む「社会に開かれた教育課程」の実現を目指すこととした。そのために「何ができるようになるか」「何を学ぶか」「どのように学ぶか」さらに「子供一人一人の発達をどのように支援するか」「何が身に付いたか」「実施するために何が必要か」という観点で改善が進められた。

　今回の改訂は，知・徳・体にわたる「生きる力」を子供たちに育むために，全ての教科等の目標及び内容を「知識及び技能」「思考力，判断力，表現力等」「学びに向かう力，人間性等」の三つの柱で整理して示すことによって，教科等の特性が一層明確になったと言える。

2　目標及び内容の改訂

　図画工作の改訂のポイントの一つに，現行の学習指導要領では，教科の目標を一文で示していたが，今回は育成を目指す資質・能力を三つの柱で整理して示していることがある。学年の目標も同様である。

　内容に関しては「A表現」「B鑑賞」及び〔共通事項〕とも三つの柱に沿った資質・能力で構成し直した。「A表現」は「思考力，判断力，表現力等」と「技能」の観点から示している。それぞれの観点に「ア　造形遊びをする活動」と「イ　絵や立体，工作に表す活動」を位置付けて，指導事項の違いを明確にしている。「B鑑賞」は，「思考力，判断力，表現力等」の観点から整理して示し，第5学年及び第6学年の鑑賞の対象に「生活の中の造形」を位置付け，生活や社会とのつながりを指導事項として示し指導の充実を促している。

　〔共通事項〕は，「知識」と「思考力，判断力，表現力等」の観点から整理して示し，さらに，内容の取扱い2(3)には〔共通事項〕のアの「知識」の指導に当たっての配慮事項が追加されている。

(1)　造形的な見方・考え方の設定

　三つの柱を基に，教科の目標が，(1)「知識及び技能」，(2)「思考力，判断力，表現力等」，(3)「学びに向かう力，人間性等」で整理された。それらの目標の前に「表現及び鑑賞の活動を通して，造形的な見方・考え方を働かせ，生活や社会の中の形や色などと豊かに関わる資質・能力を次のとおり育成することを目指す」という文がある。その文の「見方・考え方」は，各教科の特質に応じて物事を捉える視点や考え方を示している。図画工作では「造形的な見方・考え方」として，「感性や想像力を働かせ，対象や事象を，形や色などの造形的な視点で捉え，自分のイメージをもちながら意味や価値をつくりだすこと」としている。この中にある「意味や価値をつくりだすこと」は，図画

工作の目的が，単に作品づくりではなく，造形的な創造活動を通して，自分なりの意味や価値をつくりだすことに教科の本質があることを示していると言える。

(2) 内容の構造の改訂

今回の改訂では，「A表現」の内容の構造が大きく改訂されている。現行の学習指導要領では，(1)は「造形遊びをする活動に関する項目」，(2)は「絵や立体，工作に表す活動に関する項目」であったが，今回の改訂では，(1)は表現において育成する「思考力，判断力，表現力等」として，発想や構想に関する項目を設け，アには，造形遊びをする活動を通して育成する「思考力，判断力，表現力等」を位置付け，イには，絵や立体，工作に表す活動を通して育成する「思考力，判断力，表現力等」を位置付けている。(2)は表現において育成する「技能」を示している。この「技能」にも「思考力，判断力，表現力等」と同様にアに造形遊びをする活動，イに絵や立体，工作に表す活動を位置付けている。このことは資質・能力を踏まえた授業改善を図る必要があることを示している。

3 「見方・考え方」を授業改善に生かす

こうした図画工作科の見方・考え方である「造形的な見方・考え方」の特徴は，知性と感性を共に働かせて対象や事象を捉えることである。身体を通して，知性と感性を融合させながら対象や事象を捉えていくことは，他教科等以上に図画工作科が担っている学びである。また，造形的な見方・考え方を働かせることは，生涯にわたって生活や社会の中の形や色などと豊かに関わる資質・能力の育成につながるものである。造形的な見方・考え方を働かせる授業の構築を考える必要がある。

(1) 造形的な視点をもつ

これらを受けて，学習指導要領の教科の目標(1)には「知識及び技能」として，身に付ける知識を示している。「対象や事象を捉える<u>造形的な視点</u>について自分の感覚や行為を通して理解する」として，対象や事象を捉えるときの手掛かりや拠り所とする形や色，その感じなどの造形的な特徴であることを示している。

子供は，表現及び鑑賞の活動を通して，造形的な視点について理解している。この造形的な視点は，一人一人が感性などを働かせて様々なことを感じ取りながら考え，<u>自分なりに理解し，つくりだす喜びにつながっていく</u>ものである。

なお，ここで言う「理解」とは，形や色などの名前を覚えるようなことを示すのではない。子供一人一人が，体を動かす活動なども含む学習の過程において，自分の感覚や行為を通して理解し「知識」とするものである。そこで実感的に得られる造形的な視点である形や色などや，その感じ，形や色などの造形的な特徴などが，活用できる「知識」として習得されたり，新たな学習の過程を経験することで更新されたりしていく「知識」のことである。それは，いつでも表現や鑑賞などに生かすことができる「知識」となる。

つまり「知識」においては，単なる色の名前を覚えるような「事実的な知識」ではなく，実感を伴う理解によって得ることのできる汎用性があり活用できる「概念的な知識」への深化を求めている。授業においては教師から「教えて知る」というだけの学習過程を経るのでなく，自らの感性や想像力などを働かせて，気付いたり，理解したりして自分なりに新たな概念を形成することであり，それは創造する喜びに満ち溢れている状況をつくりだす「学んで知る」ことである。つまり教師に求められるのは，その環境なり状況を支援することである。

(2) 造形的な視点と授業改善

これまでも，図画工作においては，感性を働かせ，体全体の感覚や

手などを使って表現したり，作品などを見たり，事物に触れて感じ取ったりして，よさや美しさを実感する活動を重視してきた。

　今後は，「主体的・対話的で深い学び」の視点から授業を改善することになる。具体的には，形や色などを基に「造形的な視点」を豊かにすることである。

　例えば，対象の色について，低学年では「いろいろな色」，中学年では「色の感じ，それらの組合せによる感じ，色の明るさ」，高学年では「色の鮮やかさ」となっている。これは，単に色の名前を覚えたり，明度や彩度といった言葉を理解したりすることではない。色には，それぞれ固有の特徴があること，その色を活用して私たちの生活や社会に役立てていることなどの視点をもつことである。

　形や色などの「など」に属する「材料」に関する視点では，例えば，素材としての石が，海岸にたくさんあっても，「材料」にはならない。多くの石の中から，子供が一つの石を拾い上げる。その石の重さや肌触りなどの性質や特性を感じ取る。その石に，その子なりの意味がもたらされたことになる。そして，その石に描画材で，目を付ける。それは表現であり，その石は，その子なりの価値をもつことになる。その一連の鑑賞と表現が「つくりだすという行為の連続体」である。

　学習の場合は，教師の教材研究などで，その素材は「教材」としての意味をもち「材料」として価値が付与され，子供に提示される。どんな素材を選ぶかも，それに価値を見いだすのは「教師」である。学習において，子供の活動は，教師からの投げかけと，材料の提供によって始まり，感性と想像力を働かせて，自らの知識と技能を駆使して，自らの意味と価値をつくりだしていくのである。

　つまり，石を選ぶときに働くのが「造形的な視点」であり，絵や立体に表す活動であれば，形や色などを基に「この丸い形いい！」「お気に入りの色だ」「つるつるしているから絵もかきやすそう」と選ぶ。

　造形遊びのような活動の場合には，並べたりするとき，形や色など

を基に，手にしたときの重さを実感したり，石の並べ方を工夫したりして，自分の思いを実現しようとする。並べる行為そのものに意味があり，並べること（事象）や並べたもの（事物・対象）に意味があり価値が生まれている。

(3) 身体化される知識・技能

　図画工作の〔共通事項〕アにある「自分の感覚や行為を通して理解する」とは，子供が自分の視覚や触覚などの感覚，持ち上げたり動かしたりする行為などを通して，気付いたり，分かったり，理解したりすることである。これは，子供自身の主体性や能動性を重視することを示すものであり，自分の感覚や行為を通して，自分なりの理解を深めていくことである。このような体を動かす活動なども含む学習の過程を通じて，造形的な視点である形や色などやその感じ，形や色などの造形的な特徴などが活用できる知識として習得されたり，新たな学習の過程を経験することで更新されたりし，いつでも表現や鑑賞などに生かすことができる知識となる。

4　育成する資質・能力で考える題材の充実

　今回の改訂の解説において，「題材」についての言及がある。

　題材は，目標及び内容の具現化を目指す"内容や時間のまとまり"であり，教師には，「児童が，興味や関心をもち主体的に取り組むことができるような題材を，教師の創意工夫を生かして設定し，児童の資質・能力を育成するようにすることが大切である」と示されている。

　図画工作では，題材ごとに作品や活動をつくりだすという特徴がある。作品や活動は，表現した人そのものの表れであり，作品や活動をつくりだすということは，かけがえのない自分を見いだしたりつくりだしたりすることである。今後の授業においては，題材に育成する資質・能力が位置付いていることが重要であり，題材を通して，子供の何を育てるのかを明確にする「指導事項」を設定することが，授業改善に必要なことと言える。

第2節
学習指導要領が目指す図画工作科で育てる資質・能力

Q 図画工作科で育成を目指す資質・能力とは,どのようなものですか。

1 「知識及び技能」

(1) 「知識」について

　図画工作科の「教科の目標」には,「表現及び鑑賞の活動を通して,造形的な見方・考え方を働かせ,生活や社会の中の形や色などと豊かに関わる資質・能力を次のとおり育成することを目指す」と示されている。知識は,児童が学習過程を通して個別の知識を学びながら,新たな知識を既得の知識及び技能と関連付け,「各教科等で扱う主要な概念」を深く理解できるように,他の学習や生活の場面でも活用され,習得されていくことが望ましい。では,図画工作科では,知識はどのように位置付けられているか見てみよう(表1)。

　「教科の目標(1)」の「対象や事象を捉える造形的な視点について自分の感覚や行為を通して理解する」という文言が「知識」に該当する。また,知識は,「学年の目標(1)」に同様に示されている。つまり,「対象や事象を捉える造形的な視点」に対して,「気付く」「分かる」「理解する」という発達の段階を踏まえて示されている。この目標に対して,「知識」の「内容」は,〔共通事項〕のアに示されている。この〔共通事項〕アの実際の指導に当たっては,「第3　指導計画の作

第2節　学習指導要領が目指す図画工作科で育てる資質・能力

表1　「知識及び技能」の「知識」

	「学年の目標(1)」	〔共通事項〕(1)ア	内容の取扱い2(3)
第1・2学年	対象や事象を捉える造形的な視点について自分の感覚や行為を通して気付く。	自分の感覚や行為を通して、形や色などに気付くこと。	いろいろな形や色，触った感じなどを捉えること。
第3・4学年	対象や事象を捉える造形的な視点について自分の感覚や行為を通して分かる。	自分の感覚や行為を通して、形や色などの感じが分かること。	形の感じ，色の感じ，それらの組合せによる感じ，色の明るさなどを捉えること。
第5・6学年	対象や事象を捉える造形的な視点について自分の感覚や行為を通して理解する。	自分の感覚や行為を通して、形や色などの造形的な特徴を理解すること。	動き，奥行き，バランス，色の鮮やかさなどを捉えること。

成と内容の取扱い」の2の(3)に，「次の事項に配慮し，必要に応じて，その後の学年で繰り返し取り上げること」として「知識」に関連する部分が説明されている。知識は，他の資質・能力との相互作用の中で生きて働くものであり，生活や社会の中の形や色などと豊かに関わり，楽しく豊かな生活を創造する深い学びにつながるものでなくてはならない。

表2　図画工作科　教科の目標，各学年の目標及び内容の「現行・新」対照表

			現行学習指導要領の構成		新学習指導要領の構成	
教科の目標			表現及び鑑賞の活動を通して，感性を働かせながら，つくりだす喜びを味わうようにするとともに，造形的な創造活動の基礎的な能力を培い，豊かな情操を養う。		表現及び鑑賞の活動を通して，造形的な見方・考え方を働かせ，生活や社会の中の形や色などと豊かに関わる資質・能力を次のとおり育成することを目指す。 (1)　「知識及び技能」に関する目標 (2)　「思考力，判断力，表現力等」に関する目標 (3)　「学びに向かう力，人間性等」に関する目標	
各学年の目標及び内容	学年の目標（2学年ごと）		(1)　表現及び鑑賞への関心や意欲，態度に関する目標 (2)　表現の内容に対応し，発想や構想の能力，創造的な技能に関する目標 (3)　鑑賞の内容に対応し，鑑賞の能力に関する目標		(1)　「知識及び技能」に関する目標 (2)　「思考力，判断力，表現力等」に関する目標 (3)　「学びに向かう力，人間性等」に関する目標	
	内容の構成	A表現	(1)　造形遊びに関する項目	ア　発想や構想の能力と活動の概要 イ　発想や構想の能力と活動の方法 ウ　創造的な技能	(1)　表現において育成する「思考力，判断力，表現力等」に関する項目（発想や構想に関する項目）	ア　造形遊びをする活動 イ　絵や立体，工作に表す活動
			(2)　絵や立体，工作に表す活動に関する項目	ア　発想や構想の能力と活動の概要 イ　発想や構想の能力と活動の方法 ウ　創造的な技能	(2)　表現において育成する「技能」に関する項目	ア　造形遊びをする活動 イ　絵や立体，工作に表す活動
		B鑑賞	(3)　作品などを鑑賞する活動に関する項目	ア　鑑賞の能力と活動の概要 イ　鑑賞の能力と活動の方法	(1)　鑑賞において育成する「思考力，判断力，表現力等」に関する項目	ア　鑑賞の活動
		〔共通事項〕	(1)　「A表現」及び「B鑑賞」の指導に関する項目	ア　形や色などに関する事項 イ　イメージに関する事項	(1)　「A表現」及び「B鑑賞」の指導に関する項目	ア　形や色などに関する事項（「知識」） イ　イメージに関する事項（「思考力，判断力，表現力等」）

(2) 「技能」について

　「教科の目標(1)」の後半部分，すなわち「材料や用具を使い，表し方などを工夫して，創造的につくったり表したりすることができるようにする」という文言が「技能」の説明に当たる。

　新学習指導要領では，「現行」に比べ，内容構造が大きく変わっている。例えば，「A表現(2)」は「技能」に関する項目となっている。さらに，(2)の中に「ア」と「イ」があり，「ア」は「造形遊びをする活動」を通して，「イ」は「絵や立体，工作に表す活動」を通して育成する「技能」の事項である。「造形遊び」と「絵や立体，工作」の両者の間で，「技能」に関して最も異なる部分は，「造形遊び」が「活動を工夫してつくる」（全学年）であるのに対して，「絵や立体，工作」は「表したいことを基に表し方を工夫して表す」（低学年），「表したいことに合わせて表し方を工夫して表す」（中・高学年）とある点である。これらの違いは，「造形遊び」と「絵や立体，工作」の活動を支える見方・考え方の違いから生まれている。

　また，第1・2学年の「造形遊び」では，「身近で扱いやすい材料や用具に十分に慣れる」ことと，「並べたり，つないだり，積んだりするなど手や体全体の感覚などを働かせ，活動を工夫してつくる」ことというように，「技能」について性質の異なる二つの内容が示されている。しかし，ここでは，「まず材料や用具に慣れてから，造形遊びをする」という順序を示しているわけではない。「並べたりつないだり積んだりするのを手や身体全体の感覚を働かせて活動を工夫してつくること」によって，「身近で扱いやすい材料や用具に十分に慣れる」というように理解し，必ずしも「慣れる」ことが活動の先行事項にならないよう配慮したい。この理解の仕方は，「絵や立体や工作」でも同じである。

　実践的な場面で習得・育成される「技能」は，知識と同様に他の様々な資質・能力と結び付いて働き，学習や活動，生活の場面でも活用されることが大切である。

表3　図画工作科　「技能」の内容と「材料や用具」に関する「現行・新」対照表

	現行学習指導要領		新学習指導要領	
「内容」と「内容の取扱い」	「内容の取扱い」2(3)に示される「材料や用具」の取扱い（技能関係）	「内容の取扱い」2(3)に示される「材料や用具」の事例（必要に応じて，当該学年より前の学年において初歩的な形で取り上げたり，またその後の学年で繰り返し取り上げたりすること。）	内容「A表現」(2)の活動を通して育成される「技能」	「内容の取扱い」2(6)に示される「材料や用具」の事例（必要に応じて，当該学年より前の学年において初歩的な形で取り上げたり，またその後の学年で繰り返し取り上げたりすること。）
第1・2学年	…など身近で扱いやすいものを用いることとし，児童がこれらに十分に慣れることができるようにすること。	土，粘土，木，紙，クレヨン，パス，はさみ，のり，簡単な小刀類など	ア　…身近で扱いやすい材料や用具に十分に慣れるとともに，… （造形遊び） イ　…身近で扱いやすい材料や用具に十分に慣れるとともに，… （絵や立体，工作）	土，粘土，木，紙，クレヨン，パス，はさみ，のり，簡単な小刀類など
第3・4学年	…などを用いることとし，児童がこれらを適切に扱うことができるようにすること。	木切れ，板材，釘，水彩絵の具，小刀，使いやすいのこぎり，金づちなど	ア　…材料や用具を適切に扱うとともに，… （造形遊び） イ　…材料や用具を適切に扱うとともに，… （絵や立体，工作）	木切れ，板材，釘，水彩絵の具，小刀，使いやすいのこぎり，金づちなど
第5・6学年	…などを用いることとし，児童が表現方法に応じてこれらを活用できるようにすること。	針金，糸のこぎりなど	ア　…活動に応じて材料や用具を活用するとともに，… （造形遊び） イ　…表現方法に応じて材料や用具を活用するとともに，… （絵や立体，工作）	針金，糸のこぎりなど

2 「思考力，判断力，表現力等」（発想力・構想力）

(1) 図画工作科では三つの筋道から育成する

『小学校学習指導要領解説　総則編』（平成29年6月）には，この「思考力，判断力，表現力等」の資質・能力について次のように示されている。

> 社会や生活の中で直面するような未知の状況の中でも，その状況と自分との関わりを見つめて具体的に何をなすべきかを整理したり，その過程で既得の知識や技能をどのように活用し，必要となる新しい知識や技能をどのように得ればよいのかを考えたりしたりするなどの力（p.38）

図画工作科では発想力・構想力を育成する観点から捉えることが大切である。では具体的に，次の三つの筋道から見てみよう。
① 「A表現」を通して育成する「思考力，判断力，表現力等」
② 「B鑑賞」を通して育成する「思考力，判断力，表現力等」
③ 〔共通事項〕で育成する「思考力，判断力，表現力等」

(2) 「A表現」を通して育成する

「教科の目標(2)」には，「思考力，判断力，表現力等」に関する目標として，次のように示されている。

> (2) 造形的なよさや美しさ，表したいこと，表し方などについて考え，創造的に発想や構想をしたり，作品などに対する自分の見方や感じ方を深めたりすることができるようにする。

前半の下線部分は，「A表現(1)」の活動，及び「B鑑賞」の活動につ

いての「造形的な見方・考え方」に関わるものである。その後の文言を含めてまとめると,「A表現」を通して育成する思考力,判断力,表現力等は,「創造的に発想や構想をする」という資質・能力を指している。

「教科の目標(2)」は,「学年の目標(2)」に,そして,内容の「A表現」(1)に対応する。この対応関係は,「技能」と同じである。すなわち,内容の「A表現」(1)のアが「造形遊びをする活動」を通して育成する「思考力,判断力,表現力等」であり,「A表現」(1)のイが「絵や立体,工作に表す活動」を通して育成する「思考力,判断力,表現力等」となっている。

(3) 「B鑑賞」を通して育成する

このことは,「教科の目標(2)」の文中で言えば,「作品などに対する自分の見方や感じ方を深めたりすることができるようにする」ことに示されている。同様に,「学年の目標(2)」,内容の「B鑑賞」(1)に当たる。さらに,「指導計画の作成と内容の取扱い」を見ると,1(6)に「第2の各学年の内容の『B鑑賞』においては,自分たちの作品や美術作品などの特質を踏まえて指導すること」とあり,主体的・対話的で深い学びにつながるよう,鑑賞活動を工夫する必要がある。

「指導計画の作成と内容の取扱い」の2(8)には,「地域の美術館などを利用したり,連携を図ったりすること」とあり,チーム学校の取組や動向の成果などを踏まえながら,言語活動と関連付けて題材設定をすることも考えられる。

(4) 〔共通事項〕で育成する

〔共通事項〕で育成する「思考力,判断力,表現力等」は,〔共通事項〕イ「形や色などを基に,自分のイメージをもつこと」(第1・2学年)である。「イメージ」とは,「児童が心の中につくりだす像や全体的な感じ,又は,心に思い浮かべる情景や姿などのこと」(『小学校学習指導要領解説　図画工作編』平成29年6月,p.33)である。「自

第2節　学習指導要領が目指す図画工作科で育てる資質・能力

表4　図画工作科 「思考力，判断力，表現力等」（発想力・構想力）に関する「現行・新」対照表

	現行学習指導要領		新学習指導要領
発想力・構想力	ア「主に表現の始まりにおける発想や構想の能力」	イ「主に表現の過程における発想や構想の能力」	「A表現(1)」の「造形遊び」と「絵や立体，工作」で育成する「思考力，判断力，表現力等」（発想力・構想力）
第1・2学年	○…などを基に思い付いて(a)つくる（造形遊び） ○…表したいことを見付けて(a)表す（絵や立体，工作）	○…を生かしながら(b)楽しくつくる（造形遊び） ○…を選んだり(b)，…をつくって楽しんだりしながら表す（絵や立体，工作）	○…などを基に，造形的な活動を思い付く(a)ことや，…を生かしながら(b)，どのように活動するかについて考える（造形遊び） ○…から，表したいことを見付ける(a)ことや，…を選んだり(b)，…を考えたりしながら，どのように表すかについて考える（絵や立体，工作）
第3・4学年	○…などを基に発想して(a)つくる（造形遊び） ○…表したいことを見付けて(a)表す（絵や立体，工作）	○…（新しい形から）発想したり(b)みんなで話し合って考えたりしながらつくる（造形遊び） ○表したいことや用途などを考えながら，…を生かし，計画を立てる(b)などして表す（絵や立体，工作）	○…などを基に造形的な活動を思い付く(a)ことや，新しい形や色などを思い付きながら(b)，どのように活動するかについて考える（造形遊び） ○…から，表したいことを見付ける(a)ことや，表したいことや用途などを考え，…を生かしながら，どのように表すかについて考える(b)（絵や立体，工作）
第5・6学年	○…などの特徴を基に発想し想像力を働かせて(a)つくる（造形遊び） ○…表したいことを見付けて(a)表す（絵や立体，工作）	○…などに進んでかかわり合い，それらを基に構成したり周囲の様子を考え合わせたりしながらつくる(b)（造形遊び） ○…などを考えながら，表し方を構想して(b)表す（絵や立体，工作）	○…などの特徴を基に造形的な活動を思い付く(a)ことや，構成したり周囲の様子を考え合わせたり(b)ながら，どのように活動するかについて考える（造形遊び） ○…から，表したいことを見付ける(a)ことや，…などを考えながら，どのように主題を表すかについて考える(b)（絵や立体，工作）

分のイメージをもつ」とは，対象や事象を，何らかのまとまりある形で心理的に，あるいは身体的に捉えることに関係する。児童自らが関わった過去や現時点での体験や経験，受けた印象，感覚，知識・技能，夢やビジョン等，多くのものが含まれてつくられると考えられている。

　しかし，イメージは，正確であることや現実的であることが規準になるとは言えず，造形的な視点から表現する際に必要となる心的働きの拠り所であったり，その児童なりの生き生きした世界像であったりする。そのため，児童は，「イメージをもつ」ことによって，初めて表現のスタートラインに立てたり，また造形活動を経験する中で，「新たなイメージ」をもてたりする。したがって，しなやかな思考や美的判断力，形や色などを使って発想し，造形的にまとめあげる表現力等の資質・能力，すなわち発想力・構想力が発揮されるよう，題材を工夫することが求められている。

3　「学びに向かう力，人間性等」

(1)　「教科の目標」から

　図画工作科における資質・能力の「学びに向かう力，人間性等」については，新学習指導要領の「教科の目標」と「学年の目標」の中に示されている。「教科の目標」を見てみると，次のことが実現されるよう示されている。

　①　つくりだす喜びを味わう
　②　感性を育む
　③　楽しく豊かな生活を創造しようとする態度を養う
　④　豊かな情操を培う

「学びに向かう力，人間性等」は，児童の「情意や態度等」に関わるものであり，児童が「どのように社会や世界と関わり，よりよい人

生を送るか」に関係するものである。児童一人一人がよりよい社会や幸福な人生を切り拓いていくために必要となるものは，「主体的に学習に取り組む態度も含めた学びに向かう力」や「自己の感情や行動を統制する力」「よりよい生活や人間関係を自主的に形成する態度等」が深く関わっている。前述の①から④は，図画工作科で涵養される「学びに向かう力，人間性等」を示したものである。

(2) 「学年の目標」から

次に，学年の目標を見てみよう。

表5　図画工作科の「学びに向かう力，人間性等」

教科の目標	(3) つくりだす喜びを味わうとともに，感性を育み，楽しく豊かな生活を創造しようとする態度を養い，豊かな情操を培う。		
学年の目標	第1・2学年	第3・4学年	第5・6学年
	(3) 楽しく表現したり鑑賞したりする活動に取り組み，つくりだす喜びを味わうとともに，形や色などに関わり楽しい生活を創造しようとする態度を養う。	(3) 進んで表現したり鑑賞したりする活動に取り組み，つくりだす喜びを味わうとともに，形や色などに関わり楽しく豊かな生活を創造しようとする態度を養う。	(3) 主体的に表現したり鑑賞したりする活動に取り組み，つくりだす喜びを味わうとともに，形や色などに関わり楽しく豊かな生活を創造しようとする態度を養う。

　この中で「楽しく」（低学年），「進んで」（中学年），「主体的に」（高学年），及び「楽しい生活」（低学年），「楽しく豊かな生活」（中・高学年）を（ ）でくくり，整理すると次のようになる。

　「（楽しく・進んで・主体的に）表現したり鑑賞したりする活動に取り組み，つくりだす喜びを味わうとともに，形や色などに関わり（楽しい生活・楽しく豊かな生活・楽しく豊かな生活）を創造しようとする態度を養う。」

　すなわち，「形や色に関わり」ながら（造形的な視点をもちながら），「主体的に取り組む」態度や，「楽しく豊かな生活を創造しようとする態度」の涵養を目指すものである。ここでは，主体性・協働性などが

重要な鍵概念となっている。

　これらは,「表現や鑑賞の活動」を通して育成する態度について示すものであり,それらを本質的に支える情意的な態度や価値が「つくりだす喜び」である。そして,最終的には,それは「豊かな情操を培う」ことにつながっている。

【参考文献】
○文部科学省『小学校学習指導要領解説　総則編』平成29年6月
○文部科学省『小学校学習指導要領解説　図画工作編』平成29年6月
○岡田京子「新学習指導要領とこれからの小学校図画工作科」『教育美術』2017年,7月号,pp.30-33
○国立教育政策研究所『資質・能力［理論編］』東洋館出版社,2016年
○奈須正裕『資質・能力と学びのメカニズム』東洋館出版社,2017年

第3節
図画工作科の主体的・対話的で深い学び

Q 「主体的・対話的で深い学び」という授業改善の視点が示されています。図画工作科における「主体的・対話的で深い学び」とはどのようなものか，教えてください。

1 それは，なぜ求められるのか？

(1) 学習指導要領の改訂の基本方針から

　学習指導要領の改訂に当たっては，中央教育審議会答申を踏まえた改訂の基本方針が示されている。その中で「『主体的・対話的で深い学び』の実現に向けた授業改善の推進」が，次のように述べられている（『小学校学習指導要領解説　図画工作編』平成29年6月）。

- 子供たちが，学習内容を人生や社会の在り方と結び付けて深く理解し，これからの時代に求められる資質・能力を身に付け，生涯にわたって能動的に学び続けたりすることができるようにするためには，「主体的・対話的で深い学び」の実現に向けた授業改善（アクティブ・ラーニングの視点に立った授業改善）を推進することが求められる。
- 各教科等の「第3 指導計画の作成と内容の取扱い」において，単元や題材など内容や時間のまとまりを見通して，その中で育む資質・能力の育成に向けて，「主体的・対話的で深い学び」の実現に向けた授業改善を進めることを示した。

このように，今回の改訂では，児童が学校で学んでいることと，生活で感じたり捉えたりしていることとを結び付けて考えたり，双方において汎用な資質・能力（思いやり，人間性等）を身に付けたりすること，すなわち「主体的・対話的で深い学び」の実現が目指されているのである。これは，学校での学びが，子供が生きる生活や社会と乖離している状況が，いわゆる「学校化（Schooled）」と呼ばれて久しいことから，「学校から出る力」を大切に育てたいという理念の現出であるとも言えよう[1]。

(2) 図画工作科の学習活動において省みるべきことから

　以上のような基本方針を受け，図画工作科の学習活動においても，「主体的・対話的で深い学び」の実現に向けた授業改善が求められている。

　それでは，なぜ，それが求められるのであろうか。また，これまでにおいて，どのような課題があったのだろうか。それを明らかにすることで，なすべき授業改善の方向性が見えてくるに違いない。

　まず，よく言われることに「作品主義」がある。図画工作科の学習活動においては，造形遊びを除いては必ず作品が存在する（もちろん造形遊びの学習活動においても，材料等を扱うのであれば，それは学習として重視される結果ではないにしても存在はする）。その作品は，児童や私たち教師はもちろん，保護者や地域の人たちの目に確実に触れる実在のものである。したがって，そのことを第一に考慮した学習活動を構想するならば，いかに作品を見栄えよく完成させることができるか，という目標が自ずと設定され，その目標を達成するためには，児童の活動をリードする教授場面が

対話的な姿

多く設定される必要がある。さらに、児童にとってみれば、失敗なく見栄えのよい作品を完成させることができる活動に対しては、ある種の達成感をもちやすいので、教師、児童の間で、共通の価値観がもたらされることとなる。

しかしながら、こうした活動を通して、いったいどのような資質・能力が児童に育まれたのであろうか。そしてその資質・能力とは、学習指導要領で示されている目指すべき資質・能力の在り方と、果たして一致するものなのであろうか。ここではそのことを論ずる紙面は許されていないが、少なくとも「発想・構想の能力」や「創造的な技能」を育成しているとは言い難いことは明らかである。

また、個に応じた指導が重視される中においては、そこでの他者との関わりは「共同製作」のように、一つの目的に向けた「共同的」な意味として理解される傾向があった。しかしながら、先述したような「対話的」に他者と協働して問題解決に向かっていく資質・能力が求められる中においては、図画工作の学習活動における他者との関わりが問い直されるべきであることが見えてくる。

2 それは、どんなものなのか？

(1) 学習指導要領（図画工作）から

① 図画工作科における「主体的・対話的で深い学び」の位置付け

それでは、図画工作科においては「主体的・対話的で深い学び」をどのように捉えればよいのであろうか。

学習指導要領（図画工作）の「指導計画の作成と内容の取扱い」の「指導計画作成上の配慮事項」には、「主体的・対話的で深い学び」の視点からの授業改善に関する事項が、以下のように記されている。

> 題材など内容や時間のまとまりを見通して，その中で育む資質・能力の育成に向けて，児童の主体的・対話的で深い学びの実現を図るようにすること。その際，造形的な見方・考え方を働かせ，表現及び鑑賞に関する資質・能力を相互に関連させた学習の充実を図ること。

　これは，図画工作科の指導計画の作成に当たり，「児童の主体的・対話的で深い学び」の実現を目指した授業改善を進めるために，図画工作科の特質に応じて，学習過程や学習活動に関してどのような工夫が期待されているかを示したものである。すなわち，学習指導要領の「総則」に示されているとおり，各教科等の指導に当たっては，「知識及び技能」が習得されること，「思考力，判断力，表現力等」を育成すること，「学びに向かう力，人間性等」を涵養することが偏りなく実現されるよう，題材など内容や時間のまとまりを見通しながら，児童の主体的・対話的で深い学びの実現に向けた授業改善を行うことが求められるのである。

② **指導計画の作成に当たっての配慮事項として**

　「主体的・対話的で深い学び」とは，1単位時間の授業の中で全てが実現されるものではなく，単元や題材など内容や時間のまとまりの中で，児童や学校の実態や指導の内容に応じて，様々なケースにおいて実現が目指される。例えば，主体的に学習を見通し振り返る場面をどこに設定するか，グループなどで対話する場面をどこに設定するか，学びの深まりをつくりだすために，児童が考える場面と教師が教える場面をどのように組み立

対話を促す学習環境の構成

てるか,といった視点などが考えられる。

③ 「深い学び」と「見方・考え方」

　「主体的・対話的で深い学び」の実現を目指した授業改善において,特に「深い学び」の視点に関して鍵となるのが「見方・考え方」である。「見方・考え方」とは,各教科等の特質に応じた物事を捉える視点や考え方である。図画工作科における「見方・考え方」とは,「造形的な見方・考え方」であり,それは「感性や想像力を働かせ,対象や事象を,形や色などの造形的な視点で捉え,自分のイメージをもちながら意味や価値をつくりだすこと」であると示されている。この「造形的な見方・考え方」を習得・活用・探究という学びの過程の中で働かせることを通じて,より質の高い深い学びにつなげていくことが求められているのである。

④ **言語活動の有効性**

　一方で,特に「対話的な学び」の視点に関して重要となるのが「言語活動」である。そのあり様とは,第一に「この形や色でいいか」「自分の表したいことは表せているか」などのように,児童が自己との対話を大切にすることである。児童は,表現をしながら常に鑑賞の能力を働かせ,内言的な言語活動を行いながら,次の表現の活動をつくりだしているのである。第二に,そのような児童自身の内に生起する言語活動とともに,児童同士が互いの活動や作品を見合いながら考えたことを伝え合ったり感じたことや思ったことを話したりするなどの言語活動を一層充実することである。ここで大切なことは,前者のような,児童自身による自己との対話が充実してはじめて,後者のような他者との対話が生まれるということである。決して形式的に言語活動を設定すればよいというものではない。

⑤ **資質・能力を一体として捉える**

　今回の改訂では,先述したように,各教科等で育成を目指す資質・能力として「知識及び技能」「思考力,判断力,表現力等」「学びに向

かう力，人間性等」の3本柱が示された。図画工作科において，それら柱の資質・能力の育成を目指す際には，それらが相互に関連し合い，一体となって働く性質があることに留意する必要がある。したがって，「主体的・対話的で深い学び」の実現に向けては，それぞれを相互に関連させながら資質・能力の育成を図る必要があり，別々に分けて育成したり，「知識及び技能」を習得してから「思考力，判断力，表現力等」を身に付けるといった順序性をもって育成したりするものではないことに留意し，指導することが重要である。またこのことは，表現及び鑑賞に関する資質・能力を相互に関連させた学習が充実するようにすることの重要性もあわせて示している。

(2) 図画工作科の学習活動における児童の姿から

① 汎用的な能力と「主体的・対話的で深い学び」

小林昭文は，アクティブ・ラーニングが起きていない教科の授業と起きている教科の授業とを比較し，それぞれを次のように特徴付けている[2]。前者においては，"しゃべるな，動くな，手伝うな"といったワンウェイなルールが授業の中に中心的に位置付くことによって，教科内容の習得が促される。後者においては，教科内容へのアプローチ・プロセスにおいて，分からないことは友人と相談（対話的）したり，友人との考えの交流を通して自身や他者のことを理解（対話的）したり，失敗やエラーも含めて試行錯誤的に問題解決（主体的）することによって，教科内容の習得と共に汎用的能力の涵養が促される。

このように考えると，「主体的・対話的で深い学び」においては，児童の人間性や思いやり，その子なりの感じ方や考え方が重要であり，それがあってはじめて「深い学び」が実現することが見えてくる。そうした資質・能力は，図画工作科の学習活動だけでない場面で汎用的に涵養されているものであり，ここにおいて，学級経営を含めた全教育活動を視野に入れた授業改善が必要であることをあらためて確認することができる。

② 児童の関わりと「主体的・対話的で深い学び」

図画工作の学習活動における児童の関わりには，次の四つの相があると考えられる。

1) 材料や用具などのモノを介した関わり
2) 造形行為というコトを介した関わり
3) 児童同士の関わり
4) 造形によるイメージを介した関わり

異なるイメージが交流する場をつくる

それぞれの相における児童の具体的な姿は以下が考えられる。1)は，デジタルカメラを使って身の回りのものを撮影する鑑賞の活動において，4人に1台のカメラを使うことで，どのように撮影すればよいのかを話し合って活動する姿や，プレビュー機能を用いて撮影した写真を相互に鑑賞し合う姿などに認められる。2)は，共同製作の場面で「ここは○○ちゃんが使ったこの色にしよう」と声をかけ合う姿や，釘打ち遊びをする場面で「○○くんの打ち方が面白いから僕もやってみよう」と友人の行為を取り入れる姿などがある。3)は，工作の活動で，うまくいかずに考え込んでいる友人に「どうしたの」と声をかけている姿に認められる。4)は，"雲の上に広がる世界"のイメージを学級で交流・共有する場面が該当するであろう。

これまで図画工作の授業では，先述したように，児童一人一人がもてる力を存分に発揮していくために個に応じた指導が重視されてきた。このことを前提としながらも，さらに上掲した「関わり」という切り口で授業を見直してみると，児童の学習活動に対する，少々違った見え方がもたらされる。いわば，一人称的な活動と捉えられがちな図画工作の学習活動が，二人称的，三人称的な実態の中で動いていく

多面的側面をもつ活動へとひらかれていくのである。ならば，私たち教師は，そうしたあり様を学習指導に生かさねばならない。それこそが「主体的・対話的で深い学び」の実現を目指すことに他ならないのではなかろうか。

3　それが目指すものとは？

これまで見てきた「主体的・対話的で深い学び」を視点とした授業改善が最終的に目指すこととは，児童自身が自分の成長やよさ，可能性などに気付き，次の学習につなげられるようにすることである。それは，実践的には「つくり，つくりかえ，つくる」という試行錯誤や，行きつ戻りつを伴った学習過程を重視することによって実現できるものであり，理念的には，「活動」と「学び」の関係性や，活動を通して何が身に付いたのかという観点から，授業者が学習・指導の改善・充実を不断に進めてゆくことの重要性を提示しているのだと言えよう。

【参考文献】
1）　イヴァン・イリッチ『脱学校の社会』東京創元社，1977年
2）　小林昭文『アクティブラーニング入門 (アクティブラーニングが授業と生徒を変える)』産業能率大学出版部，2015年

第4節
図画工作科の深い学びを支える「見方・考え方」

Q 図画工作科における「見方・考え方」とは、どのようなものですか。

1 各教科等の目標で示された「見方・考え方」とは何か

　平成29（2017）年6月に示された『小学校学習指導要領解説　図画工作編』[1]（以下、平成29年版解説）で確認してみよう。改訂の基本方針の③「主体的・対話的で深い学び」の実現に向けた授業改善を進める際に留意して取り組むことが重要であるとされた6点のうち5点目に、「オ　深い学びの鍵として『見方・考え方』を働かせることが重要になること」がある。

　各教科等の「見方・考え方」はここで、『どのような視点で物事を捉え、どのような考え方で思考していくのか』というその教科等ならではの物事を捉える視点や考え方」であり、「各教科等を学ぶ本質的な意義の中核をなすもの」とされている。

　2030年までを見据えた新しい教育課程において、今回示された教科等の「見方・考え方」はその教科等の本質を示しており、これを働かせることは、教科固有の「深い学び」を支える中心的な鍵として位置付けられている。

2 図画工作科における「造形的な見方・考え方」と指導

　それでは，図画工作科の見方・考え方は具体的にどのようなものだろうか。平成28（2016）年8月の中央教育審議会教育課程部会「次期学習指導要領等に向けたこれまでの審議のまとめ」（以下，「審議のまとめ」）では，図画工作科における「見方・考え方」について，次のように整理している。

> 　感性や想像力を働かせ，対象や事象を，形や色などの造形的な視点で捉え，自分のイメージを持ちながら意味や価値をつくりだすこと[2]

　また，これを踏まえ，平成29年版解説では「造形的な見方・考え方」について次のように解説している。

> 　感性や想像力を働かせ，対象や事象を，形や色などの造形的な視点で捉え，自分のイメージをもちながら意味や価値をつくりだすこと[3]

　平成29年版解説の文章を次に参照しながら，その意味を確認してみよう。

(1)「感性や想像力を働かせ」について

> 　表現及び鑑賞の活動において，児童が感性や想像力を十分に働かせることを一層重視し，それを明確にするために示している。「感性」は，様々な対象や事象を心に感じ取る働きであると

> ともに，知性と一体化して創造性を育む重要なものである。「想像力」は，これまで高学年の学年の目標や内容などで示してきたが，全ての学年の学習活動において，児童が思いを膨らませたり想像の世界を楽しんだりすることが重要であることから，感性とともに示している[4]。

　以上のとおり，感性や想像力といった，心の中で行われる，感じ取ったり膨らませたりする働きを十分に行う表現や鑑賞の活動が図画工作の学びであることを，最初に明言している。

　平成20年版小学校学習指導要領で図画工作科の目標に加えられた「感性を働かせながら」と同様，ここで注意したいのは，この「感性」や「想像力」を働かせるのは誰かといった主語の問題である。解説では明示されているように，もちろん主語は「児童」である。それは同時に，決して「教師」ではないことを意味している。だから，ここではあくまで児童が「自分の」感性や想像力を働かせながら表現や鑑賞の活動を行うことが重要であること，また，それが図画工作科ならではの見方・考え方だと理解しなければならない。

　これは極めて当たり前のことであるかもしれない。しかし，実際の指導場面では，これが十分に保障されない場面がないとは言えないことに注意する必要がある。例えば，児童が作品をつくったり描いたりする場面で，児童自身の「このようにしたい」，あるいは「このようにしたくない」気持ちは十分にあるいは可能な限り保障されているだろうか。児童は授業で自分の気持ちや感じ方をしっかり確かめながら形や色や材料に関わり，「自己判断・自己決定」という自己表現の根幹が保障された想像活動に没頭しているだろうか。教師の了承をもらうために，教師の目の色を伺いながら表現や鑑賞をしていないだろうか。これらのことに十分配慮しながら指導する必要がある。

もちろん，児童が表現や鑑賞をする際に，感じ方を広げる指導をしたり，つまずきを乗り越える指導をしたりすることはとても大切である。だからこそ，指導に当たっては，教師は児童に新たな視点を可能な限り複数示したり提案したりしながら，最終的には児童自身がどうしたいのか，どうしたくないのかの自己判断・自己決定が行われるように配慮する必要がある。

(2)「対象や事象を，形や色などの造形的な視点で捉え」について

> 材料や作品，出来事などを，形や色などの視点で捉えることである。「造形的な視点」は，図画工作科ならではの視点であり，図画工作科で育成を目指す資質・能力を支えるものである。具体的には「形や色など」，「形や色などの感じ」，「形や色などの造形的な特徴」などであり，学習活動により様々な内容が考えられる[5]。

以上のとおり，表したい「ものやこと」，関わった「ものやこと」を，「形や色などの造形的な視点」で捉えるのである。「など」には，その他，質感，光，空間，奥行き，バランス，鮮やかさやそれらの組合せなど，様々な造形的な視点があるだろう。「図画工作科ならではの視点」とは，他教科ではなく図画工作科だからこそ取り扱う視点，扱わなくてはならない視点という意味であり，他教科ではできない図画工作科固有の学びであることを意味している。

また，「形や色など」「形や色などの感じ」「形や色などの造形的な特徴」などと具体的に例示されているが，これらは，平成29年版小学校学習指導要領で身に付けることができるように指導するものとして，「知識」と「思考力，判断力，表現力等」を位置付けている〔共通事項〕[6]との関係を踏まえることが大切である。

〔共通事項〕では，「知識」において低学年で「形や色などに気付

く」,中学年で「形や色などの感じが分かる」,高学年で「形や色などの造形的な特徴を理解する」が示されている。また,「思考力,判断力,表現力等」においては,自分のイメージについて,低学年で「形や色などを基に」,中学年で「形や色などの感じを基に」,高学年で「形や色などの造形的な特徴を基に」,これをもつことが示されている。

「審議のまとめ」において「見方・考え方」は「〔共通事項〕とも深い関わりがある[7]」とされているので,造形的な視点については,〔共通事項〕で示された身に付けるべき知識や思考力,判断力,表現力等との関係に注意する必要がある。

そのため,指導に当たっては,表したかったり関わったりしたものやことについての自分のイメージを,造形的な視点である「形や色など」「形や色などの感じ」「形や色などの造形的な特徴」などで捉えるようにする配慮が必要である。

それは,表現においては,表したかったり関わったりしたものやことの自分のイメージが,造形的な視点である「形や色など」「形や色などの感じ」「形や色などの造形的な特徴」などで表すとすれば,どのようにするとよいのか,何を選択するのがよいのか,自分にとってしっくりくるのかなどを考えるよう指導することなどである。また鑑賞においては,造形的な視点である「形や色など」「形や色などの感じ」「形や色などの造形的な特徴」などからどのような感じを受けたり想像したりするかをよく考えるように指導することなどである。

これらを通して,「対象や事象を,形や色などの造形的な視点で捉え」ることができるようになるのである。

(3)「自分のイメージをもちながら意味や価値をつくりだすこと」について

> 児童が心の中に像をつくりだしたり，全体的な感じ，情景や姿を思い浮かべたりしながら，自分と対象や事象との関わりを深め，自分にとっての意味や価値をつくりだすことである。これは，活動や作品をつくりだすことは，自分にとっての意味や価値をつくりだすことであり，同時に，自分自身をもつくりだしていることであるという，図画工作科において大切にしていることも示している[8]。

以上のとおり，自分のイメージをもつことと，意味や価値をつくりだすことが大切である。この「自分のイメージ」は，前述したとおり「教師のイメージ」ではないという意味でもある。そして，新しい教育課程の図画工作科の特性を把握する上で，とりわけ大切な語でもある。この「自分」はこれまでも，また現行の図画工作科でも大切にされてきているが，今回の改訂では一層強調されたように思われる。例えば，平成29年版解説における「自分」の出現数は525回であり，平成20年版解説における270回の約2倍に上っている。見方・考え方で使われている「自分」に対する眼差しは，今回の改訂でさらに大切にされているのである。

この自分のイメージをもちながら「意味や価値をつくりだすこと」とは，活動や作品などを「つくり・つくりかえ・つくる」一連の流れの中で，自分自身と対話し自分自身を探し自分自身を見付けていく行為が繰り返されることであり，それは，活動や作品をつくりだす行為を通して自分自身，つまり「私」をつくりだすことにつながっている。これは，図画工作の学びの本質の最重要な一側面である。

さらにこの文末は，「審議のまとめ」において中学校美術科では

「自分としての意味や価値をつくりだすこと」，高等学校芸術科（美術）及び高等学校芸術科（工芸）では「新しい意味や価値をつくりだすこと」となって示されている[9]。年齢発達によってこれらの見方・考え方へとつながることにも注意したい。

3 図画工作科の目標と「見方・考え方」

見方・考え方は，今回の改訂で図画工作科の目標の第一文で次のように示されている。

> 表現及び鑑賞の活動を通して，造形的な見方・考え方を働かせ，生活や社会の中の形や色などと豊かに関わる資質・能力を次のとおり育成することを目指す。

これは言い換えれば，表現及び鑑賞の活動で造形的な見方・考え方を働かせなければ，生活や社会の中の形や色などと豊かに関わる目指されるべき資質・能力の育成が困難になるということでもある。これらから，単に作品をつくったり見たりするというのではなく，そこに造形的な見方・考え方を働かせながら作品をつくったり見たりするのが図画工作科の学びのポイントなのだということが分かる。

これは決して目新しいことでなく，これまでも優れた図画工作科授業には必ずあった視点に違いない。ただ，今回の改訂はそれを図画工作科の目標に位置付け，全ての授業に保障することによって，我が国の図画工作科の学習の質を一層高めようとしているのである。

【注】
1) 文部科学省「小学校学習指導要領解説　図画工作編」平成29年
　　http://www.mext.go.jp/component/a_menu/education/micro_detail

/__icsFiles/afieldfile/2017/10/13/1387017_8.pdf（2017年7月21日確認）
2）　中央教育審議会教育課程部会「次期学習指導要領等に向けたこれまでの審議のまとめ」平成28年，p.206
http://www.mext.go.jp/b_menu/shingi/chukyo/chukyo3/004/gaiyou/1377051.htm（2017年7月21日確認）
3）　前掲1）p.11
4）　前掲1）p.11
5）　前掲1）p.11
6）　文部科学省「小学校学習指導要領」平成29年3月
http://www.mext.go.jp/component/a_menu/education/micro_detail/__icsFiles/afieldfile/2017/05/12/1384661_4_2.pdf（2017年7月21日確認），pp.111-114
7）　前掲2）p.207
8）　前掲1）p.11
9）　前掲2）pp.206-207

第 2 章

学習指導要領に基づく
図画工作科の授業づくりの
ポイント

第2章　学習指導要領に基づく図画工作科の授業づくりのポイント

第1節
学習指導要領新旧対応ポイント
——何が変わるのか，何を変えるのか——

　今回の改訂において，全ての教科等において，その目標及び内容等が「知識及び技能」「思考力，判断力，表現力等」「学びに向かう力，人間性等」の「三つの柱」で再整理された。図画工作科においても，「第1　目標」を「見方・考え方」を踏まえた「三つの柱」で示している。次に，「第2　内容」が，これまでのように絵や工作などから示すのではなく，資質・能力の観点から絵や工作などを示す形に変更されている。さらに「第3　指導計画の作成と内容の取扱い」についても資質・能力の観点から整理され，具体化が行われている。

1　目　標

(1) 目標の構造化

　教科目標等はこれまで一つの文章で表現されていた。今回は「見方・考え方」を働かせることを示す一文と，「三つの柱」で示されている。簡略的に平成20年改訂と比較すれば図1のようになる。

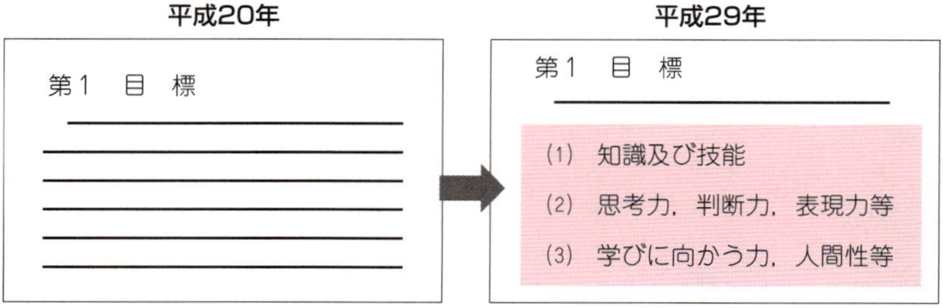

平成20年	平成29年
第1　目標 ―――――― ―――――― ―――――― ――――――	第1　目標 (1) 知識及び技能 (2) 思考力，判断力，表現力等 (3) 学びに向かう力，人間性等

図1　目標の構造の比較

最初の一文にはこう示されている。

> 　表現及び鑑賞の活動を通して，造形的な見方・考え方を働かせ，生活や社会の中の形や色などと豊かに関わる資質・能力を次のとおり育成することを目指す。

ポイントは三つである。
① **「表現及び鑑賞の活動を通して」**
　図画工作科は，子供が自分自身の表現活動及び鑑賞活動を通して学び，教科目標を実現する教科である。表現活動とは，子供が感じたことや想像したことなどを造形的に表すことである。鑑賞活動とは，作品などから自分の見方や感じ方を深める活動である。図画工作では，この二つの活動が互いに働きかけたり，働きかけられたりしながら，一体的に補い合って高まっていく。
② **「造形的な見方・考え方を働かせる」**
　「見方・考え方」とは，子供がどのような視点で物事を捉え，どのような考え方で思考しているかという各教科等の特質を示すものである。図画工作において，子供たちは自らの感性と想像力を働かせながら対象や事象などを形や色などの造形的な視点で捉えている。その上で自分のイメージをもちながら意味や価値をつくりだしている。このような「造形的な見方・考え方」が子供自身の学習を通して深まることになる。
③ **生活や社会の中の形や色などと豊かに関わる**
　子供たちは，日常的に自分自身がつくりだす形や色，あるいは家庭，地域，社会などで出会う形や色などと関わっている。そして，その場面ごとに資質・能力を働かせながら，自らの生活を楽しく創造しようとしている。このような子供たちが生活や社会の中の形や色などと豊かに関わる姿を今回の改訂では，重視している。

(2) 三つの柱
① 「知識及び技能」に関する目標

> (1) 対象や事象を捉える造形的な視点について自分の感覚や行為を通して理解するとともに、材料や用具を使い、表し方などを工夫して、創造的につくったり表したりすることができるようにする。

(1)は「知識及び技能」について示している。前半部分は「知識」、後半部分は「技能」である。

「対象や事象を捉える造形的な視点」とは、材料や作品、出来事などを捉える際の形や色、感じや特徴などである。単に形や色などの名前を覚えるような知識ではなく、「自分の感覚や行為を通して理解する」ものであり、同時に学びの中で活用することを通して更新される知識である。

「材料や用具を使い」とは、その特徴を生かしながら、手や体全体の感覚などを十分に働かせて用いることである。「表し方などを工夫して」とは、造形的な活動やつくり方を工夫することや、絵や立体、工作などで新しい表現方法を開発することなどである。特に「創造的につくったり表したりする」と示しているのは、自分の思いを基につくり、自分らしく表す技能を伸ばす意味である。一定の手順や段階を追って身に付ける技能だけにとどまらず、変化する状況や課題に応じて主体的に活用する中で身に付く技能であることを示している。

② 「思考力、判断力、表現力等」に関する目標

> (2) 造形的なよさや美しさ、表したいこと、表し方などについて考え、創造的に発想や構想をしたり、作品などに対する自分の見方や感じ方を深めたりすることができるようにする。

(2)は「思考力，判断力，表現力等」について示している。

「造形的なよさや美しさ，表したいこと，表し方など」とは，子供が「思考力，判断力，表現力等」を働かせる対象や事象などのことである。「創造的に発想や構想」とは，「A表現」に関することである。「創造的」とは，子供自身にとって新しいものやことをつくりだすことを示している。「発想」は，主に形や色などを基に想像を膨らませたり，造形的な活動や表したいことを思い付いたりすることである。「構想」は，どのように活動したり表したりするかを考えることである。「作品などに対する自分の見方や感じ方を深め」は，「B鑑賞」に関することである。「作品など」とは，自分が手にした材料から，友人が表現している作品や，美術作品や製作の過程，生活の中の造形，自然，文化財などに至るまで，子供が見たり感じたりする対象を幅広く示している。「見方や感じ方を深め」とは，よさや美しさなどを感じ取ったり考えたりするだけでなく，さらに自分の見方や感じ方を深め，自分なりに対象や事象を味わうことができるようにすることである。

③ 「学びに向かう力，人間性等」に関する目標

> (3) つくりだす喜びを味わうとともに，感性を育み，楽しく豊かな生活を創造しようとする態度を養い，豊かな情操を培う。

(3)は「学びに向かう力，人間性等」に関する目標を示している。

「つくりだす喜びを味わう」とは，作品などをつくったり見たりすることそのものが，子供にとっての喜びや楽しみであることを示している。それは，自分の存在や成長を感じつつ，新しいものや未知の世界に向かう楽しさにつながる。また，友人や身近な社会との関わりによって，一層満足できるものになる。このようにして得られた喜びや楽しさは関心，意欲，態度などの「学びに向かう力，人間性等」を支

えるものとなる。「感性」は，様々な対象や事象を心に感じ取る働きだけでなく，自らの行為を通して，新しい意味や価値を創造していく能動性も含まれている。「楽しく豊かな生活を創造しようとする態度」とは，一人一人の子供が，夢や願いをもち，心楽しく豊かな生活を自らつくりだそうとする主体的な態度のことである。「豊かな情操を培う」とは，よさや美しさなどのよりよい価値に向かう傾向や心情が持続的に働くことを通して，生活や社会に主体的に関わる態度を育成するとともに，伝統を継承し，文化や芸術を創造しようとする豊かな心を育成することにつながることを示している。なお，三つの教科目標の全てに「創造」という文言が位置付けられ，図画工作科の学習が造形的な創造活動であることが強調されている。

　教科目標を基に，各学年の目標においては，「知識及び技能」「思考力，判断力，表現力等」「学びに向かう力，人間性等」の三つの柱がそれぞれの発達の特徴に応じて示されている。

2　内　容

(1) A表現

　これまで図画工作では，「絵」「工作」「造形遊び」などの造形的な領域から構成されていた。今回，資質・能力の観点から内容を示す形に変更されている。簡略的に「A表現」について平成20年改訂と比較すれば図2のようになる。

第1節　学習指導要領新旧対応ポイント——何が変わるのか，何を変えるのか——

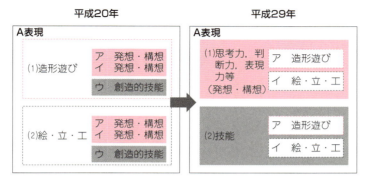

図2　「A表現」の構造の比較

　「A表現」には(1)と(2)の二つの項目を設けている。(1)は「思考力，判断力，表現力等」として発想や構想に関する項目，(2)は「技能」に関する項目という構成である。(1)と(2)には，アとイが位置付けられ，アは，「造形遊びをする活動」に関する事項，イは，「絵や立体，工作に表す活動」に関する事項が示されている。

　造形活動は，大きく二つの側面に分けて捉えることができる。一つは，材料やその形や色などに働きかけることから始まる側面と，もう一つは，自分の表したいことを基に，これを実現していこうとする側面である。前者が「造形遊びをする活動」，後者が「絵や立体，工作に表す活動」である。

　「造形遊びをする活動」とは，身近にある自然物や人工の材料，その形や色などから思い付いた造形活動を行うものである。子供は，材料に働きかけ，自分の感覚や行為などを通して形や色などを捉え，そこから生まれる自分なりのイメージを基に，思いのままに発想や構想を繰り返し，手や体全体の感覚などを働かせながら技能などを発揮する。

　「絵や立体，工作に表す活動」とは，感じたこと，想像したこと，見たことなどから表したいことを見付けて，形や色を選んだり，考えたりしながら，材料や用具を使ったり，表し方などを工夫したりしな

41

がら絵をかいたり、粘土で表したり、あるいは用途のあるものをつくったりする。

「造形遊びをする活動」は、結果的に作品になることもあるが、始めから具体的な作品をつくることを目的としないのに対して、「絵や立体、工作に表す活動」は、およそのテーマや目的を基に作品をつくろうとすることから始まる。また、「造形遊びをする活動」は、思い付くままに試みる自由さなどの遊びの特性を生かしたものであるが、「絵や立体、工作に表す活動」は、テーマや目的、用途や機能などに沿って自分の表現を追求していく性質がある。

図画工作科では「造形遊びをする活動」と「絵や立体、工作に表す活動」という二つの側面から子供の資質・能力を育成しようとしている。

① A表現(1)「思考力、判断力、表現力等」に関する内容

(1) 表現の活動を通して、発想や構想に関する次の事項を身に付けることができるよう指導する。

(1)では、子供一人一人の「思考力、判断力、表現力等」を育成するために、発想や構想に関して「造形遊びをする活動」と「絵や立体、工作に表す活動」の二つの側面から内容を示している。

アは「造形遊びをする活動」を通して育成する「思考力、判断力、表現力等」である。示されているのは、一つは、材料や場所などの活動の対象の形や色、イメージなどから活動を思い付く発想に関すること、二つには、新しい形や色を考え出したり、周囲の様子を考え合わせて構成したりするなどの構想に関することである。低学年、中学年、高学年それぞれの内容は、子供の意識が自分の身の回りから周囲の環境まで広がっていくという発達の特性に応じている。例えば、低学年では身近な自然物や人工の材料の形や色などから考えるが、中学

年ではこれに場所が加わり，高学年では空間の広さや形などの特徴も視野に入れて考えることになる。

　イは，「絵や立体，工作に表す活動」を通して育成する「思考力，判断力，表現力等」である。示されているのは，一つは感じたこと，想像したことなどから，自分の表したいことを見付けて表すという発想に関すること，二つに自分の表したいことや用途などを実現するために形や色を選んだり，計画を立てたりするなどの構想に関することである。低学年，中学年，高学年のそれぞれの内容は，子供の意識や活動範囲が自分から他者，社会に広がるという発達の特性に応じている。例えば，低学年では，感じたことや想像したことから表したいことを見付けるが，中学年では，客観性や他者意識の芽生えに配慮し，見たことや用途が加わり，高学年では，社会的な広がりを踏まえ，伝え合いたいことや構成の美しさなどが加わることになる。

　指導に当たっては，「思考力，判断力，表現力等」が効果的に育成できるように配慮する必要がある。例えば，思いのままにクレヨンやパス，絵の具を使うことのできる環境を用意したり，粘土で自在に形を追求する時間を確保したりすることが考えられる。動く仕組みそのものを工夫したり，表現しながら伝えたい思いを膨らませたりするなど，題材を工夫することも考えられる。

②　A表現(2)「技能」に関する内容

> (2)　表現の活動を通して，技能に関する次の事項を身に付けることができるよう指導する。

　(2)では，子供一人一人の「技能」を育成するために，技能に関して，「造形遊びをする活動」と「絵や立体，工作に表す活動」の二つの側面から内容を示している。

　アは，「造形遊びをする活動」を通して育成する「技能」である。

示されているのは，一つは，用具に慣れたり，活動に応じて材料を活用したりするなどの材料や用具に関すること，二つには，手や体全体の感覚などを働かせたり，経験や技能を総合的に生かしたりしながら，活動を工夫することである。低学年，中学年，高学年のそれぞれの内容は，子供の発達の特性に応じている。例えば，低学年では，材料を並べる，つなぐ，積むなどシンプルな行為だが，中学年では，組み合わせる，切ってつなぐ，形を変えると複合的になる。高学年では，経験や技能などを生かしたり，方法などを組み合わせたりするなど総合的に活動を工夫するようになる。

イは，「絵や立体，工作に表す活動」を通して育成する「技能」である。示されているのは，一つは，材料や用具を適切に扱ったり，表現方法に応じて活用したりするなどの材料や用具に関すること，二つには経験や技能を総合的に生かしながら，様々な表し方を工夫して表すことを示している。低学年，中学年，高学年のそれぞれのイの事項も，子供の発達の特性に応じている。例えば，低学年では，手や体全体の感覚を働かせながら表し方を工夫するが，中学年では，表したいことに合わせて表し方を工夫する。高学年では，表現方法に応じて材料や用具を活用したり，表現に適した方法などを組み合わせたりするようになる。

指導に当たっては，「技能」が効果的に育成できるように配慮する必要がある。例えば，手の延長のように用具を使って表し方を工夫している姿，自分の手や体の動きから生まれる線を楽しむなどの姿を捉え，指導と評価に生かすことが重要である。また，技能を働かせる中から，新たな発想や構想が生まれることに留意した指導の工夫も必要である。

(2) B鑑賞

「A表現」と同様に，これまで「B鑑賞」は，いわゆる美術的な「鑑賞」という領域から示されていた。今回，資質・能力の観点から内容

を示す形に変更されている。同時に，鑑賞だけに示していた言語活動については，表現にも鑑賞にも関わる配慮事項として，「第3　指導計画の作成と内容の取扱い」に位置付け直されている。簡略的に「B鑑賞」について平成20年改訂と比較すれば図3のようになる。

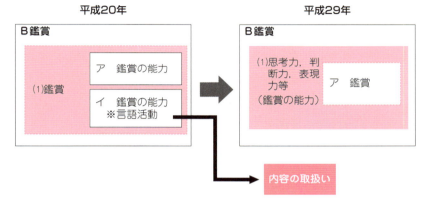

図3　「B鑑賞」の構造の比較

　鑑賞をするとはどういうことだろう。子供にとって世界は不思議な物に満ち溢れている。意味の分からない出来事ばかりに見える。そこで，子供は何とか身の回りの世界を捉えようと，自分の視覚や触覚などの全身の感覚を働かせる。身近なものの形や色を手掛かりに，材料を手にしたり，動かしたりするなどしながら，対象の性質や特徴を確かめている。時には，友人と話し合いながら自分の考えを組み立てたり，組み直したりしている。自らの行為を通して，あるいは自分の経験や知識などを活用して，面白さを感じ，周りの人と共有できるよさなどを発見する。このような自分なりに意味や価値をつくりだす創造的な活動が「鑑賞」である。

　このような内容を「B鑑賞」として位置付け，「鑑賞する」という活動を通して，形や色，作品などのよさや美しさを能動的に感じ取ったり考えたり，自分の見方や感じ方を深めたりするなど，子供一人一人の「思考力，判断力，表現力等」を育成することになる。

大まかな内容は，自分たちの作品や身近な材料，我が国や諸外国の親しみのある美術などの対象を基に，主体的によさや美しさなどを感じ取ったり，自分なりのイメージについて考えたりすることである。学習活動としては，自分の表し方の変化を振り返る，作品などの意図や特徴について話し合うなど様々な方法で行われる。その学習活動を通して，よさや美しさを感じ取ったり，表現の特徴や表し方の変化などについて考えたりする。自分の表現に反映したり，社会や文化との関わりを考えたりする活動などに展開することもある。結果的に，子供一人一人が自分の見方や感じ方を深めていくとともに，作品などを大切にしようとする態度も育成されることになる。

　「B鑑賞」は，「A表現」の内容とともに，「思考力，判断力，表現力等」を育成する領域であり，自分の見方や感じ方を更新し続け，今日のような視覚的情報が溢れている社会に，主体的に対応する力を培う観点から重要である。

○B鑑賞⑴「思考力，判断力，表現力等」に関する内容

> ⑴　鑑賞の活動を通して，次の事項を身に付けることができるよう指導する。

　「B鑑賞」には，⑴の一つの項目が設けられている。⑴には，アの事項を指導することが示されている。アで示されているのは，一つは自分たちの作品，我が国や諸外国の親しみのある美術など活動の対象に関すること，二つには造形的なよさや美しさなどについて感じ取ったり考えたりしながら自分の見方や感じ方を深めることである。

　低学年，中学年，高学年のそれぞれのアの事項は，自分や友人などの身の回りから，社会や文化なども対象とすることができるようになるという発達の特性に応じている。

　低学年の対象は，子供たちの生活範囲を考えたときに，自分たちの

作品や身の回りの作品，身近な材料など，子供たち自身が普段触れることができるものになる。そこから，自分なりに造形的な面白さや楽しさ，表したいこと，表し方などについて，感じ取ったり考えたりする。その結果，自分の見方や感じ方を広げることになる。

中学年では，低学年よりも活動範囲が広がるので，対象は自分たちの作品や，身近にある美術作品，製作の過程などとなる。そこから造形的なよさや面白さ，表したいこと，いろいろな表し方などを感じ取ったり考えたりし，自分の見方や感じ方を広げることになる。「よさ」とは評価や価値が固定しているものではなく，「これは『いい』よね」「そうだね」というように友人と共有できるという意味で示されている。

高学年では，学びの対象が拡大し社会や文化も対象に取り入れることもできるようになる。自分たちの作品に加えて，我が国や諸外国の親しみのある美術作品，生活の中の造形などが対象となる。そこから，造形的なよさや美しさ，表現の意図や特徴，表し方の変化などを感じ取ったり，考えたりすることになる。この活動を通して，自分の見方や感じ方を深めることが示されている。「美しさ」とは，高学年が文化的，社会的に共有されている美しさという概念も理解できるようになることに対応している。特に今回の改訂では，生活を楽しく豊かにする形や色などについての学習を深めることができるようにするという観点から，高学年の鑑賞の対象に「生活の中の造形」が位置付けられている。

指導に当たっては，鑑賞活動をやわらかく捉える必要がある。例えば，子供は視覚だけでなく触覚や聴覚などの様々な感覚を働かせて鑑賞する。あるいは，子供が造形活動の中で自然に自分や友人の作品などを見ることなども鑑賞活動として捉えることができる。

鑑賞の対象についても，いわゆる美術作品だけに限定するのではなく，子供の視点に立って幅広く捉えることが必要である。作品は単に

完成したものとして捉えるのではなく，人々がつくり始めてから終わるまでの過程も含めた幅広い意味で捉えることができる。また作品は完成して終わるのではなく，それが設置されることで人々や社会に意味や価値を投げかけ続ける働きももっている。

指導計画の作成に当たっては，「A表現」及び「B鑑賞」の指導の関連を十分に図るように配慮する必要がある。図画工作科における表現と鑑賞は本来一体であり，相互に関連して働き合う二つの領域として設定されている。「A表現」は，造形活動を通して「知識及び技能」「思考力，判断力，表現力等」を育成するが，「B鑑賞」は鑑賞活動を通して，「知識」「思考力，判断力，表現力等」を育成する。子供において「A表現」及び「B鑑賞」は同じ資質・能力を育成するものとして常に関わり合いながら成立している。表現と鑑賞がそれぞれに独立して働くと捉えるのではなく，互いに働きかけたり，働きかけられたりしながら，一体的に補い合って高まっていく活動として指導の工夫を行う必要がある。

なお指導の効果を高めるために鑑賞を独立して設定する場合には，学校や子供の実態などを考慮した上で，子供が能動的に鑑賞活動できること，「思考力，判断力，表現力等」を高めることができることなど，その必要性や必然性を十分に検討する必要がある。地域の美術館などと連携する場合には，美術館側の目的にも配慮した上で，教材や教育プログラムを活用する，学芸員と一緒に授業をするなど，多様な取組を工夫したい。また，一人一人の生活や文化などによる感じ方の違いにも配慮しながら，自分たちの伝統的な文化を大切にするとともに，諸外国の文化を尊重する態度を育成することも重要な視点である。

(3) 〔共通事項〕

〔共通事項〕は，表現及び鑑賞の活動の中で，共通に必要となる資質・能力であり，子供の造形活動や鑑賞活動を具体的に捉え，豊かに

するための指導事項である。

　子供は，日頃から材料に触れて形の感じや質感を捉えたり，材料を見つめながら色の変化に気付いたりするなど，直観的に対象の造形的な特徴を捉え，理解している。同時に対象や自分の行為などに対して自分なりのイメージを抱いている。これらの形や色に対する理解やイメージなどは，資質・能力として常に表現活動や鑑賞活動で働いている。それは図画工作だけに終わるものではなく，生活や社会において対象からの情報を的確に捉え，それを主体的に判断するコミュニケーション能力の基盤でもある。このような形や色，イメージなどに関する事項を〔共通事項〕として，どのような場面にも含まれていると捉え，指導や評価を具体化する必要がある。

> (1) 「A表現」及び「B鑑賞」の指導を通して，次の事項を身に付けることができるよう指導する。

　〔共通事項〕には，(1)の一つの項目が設けられている。(1)には，アとイの事項を指導することが示されている。アは，形や色などに関する事項，イは，自分のイメージに関する事項である。今回の改訂では，特にア及びイを資質・能力の観点から整理し，アの事項は形や色などの造形的な特徴を理解するという「知識」，イの事項は自分のイメージをもつという「思考力，判断力，表現力等」として位置付けられている。アとイは，アから引き続いてイを発揮したり，イを基に形や色などを理解したりするなど，相互に関連し合う関係にある。

　「A表現」及び「B鑑賞」と〔共通事項〕の関係について，それぞれ簡略的に示せば図4のようになる。

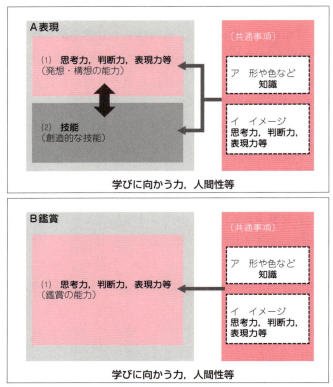

※ ( ) 内は前回の改訂における資質・能力の示し方

図4 「A表現」「B鑑賞」と〔共通事項〕の関係

① 〔共通事項〕(1)ア「知識」に関する内容

> ア 自分の感覚や行為を通して，形や色などの造形的な特徴を理解すること。　　　　　　　　　　　　　　　　　　　　（第5・6学年）

　アの事項は，形や色などに関する事項であり，今回の改訂で「知識」として示されている。
　「自分の感覚や行為」とは，視覚や触覚などの感覚，持ち上げたり動かしたりする行為や活動のことであり，知識を獲得するのは子供自

身であるという主体性や能動性を示している。例えば、低学年では、紙や粘土などの材料や自分たちの作品などを捉えるときの、自分の視覚や触覚などの感覚、並べたり積んだりするなどの行為や活動のことである。中学年では、絵の具や板材などの材料や自分たちの作品などを捉えるときの、自分の視覚や触覚などの感覚、混ぜたり切ったりするなどの行為や活動のことである。高学年では、見たことから連想される音や匂い、手や体全体の感覚、一つ一つの行為や活動のことである。さらに、高学年では、社会的文化的な文脈を踏まえた感覚や造形的な見方・考え方なども含むようになる。

「形や色などの造形的な特徴」とは、形や色、線や面、動きや奥行きなどの対象の造形的な特徴のことである。低学年では「気付く」、中学年では「分かる」、高学年では「理解する」と発達の特性に応じて示されている。具体的には、低学年では、いろいろな形や線、色、触った感じなど、中学年では、形の感じ、色の感じ、それらの組合せによる感じ、色の明るさなど、高学年では、動き、奥行き、バランス、色の鮮やかさなどが考えられる。

② 〔共通事項〕(1)イ「思考力、判断力、表現力等」に関する内容

> イ　形や色などの造形的な特徴を基に、自分のイメージをもつこと。
> （第5・6学年）

イの事項は、自分のイメージに関する事項であり、今回の改訂で「思考力、判断力、表現力等」として示されている。

「形や色などの造形的な特徴」とは、アに示した内容であり、これを基に自分のイメージをもつことがイの主眼である。「自分のイメージ」とは、子供が心の中につくりだす像や全体的な感じ、または、心に思い浮かべる情景や姿などのことである。「イメージをもつ」とは、大人から与えられた知識や、社会の習慣などを受動的に理解すること

ではない。生まれてからこれまでの経験と深く関わりながら，そのときの感情や気持ち，自分の感覚や行為などとともに，心の中に浮かび上がることを示しており，それぞれ発達の特性に応じている。

　低学年では，イメージは自分の感情や行動などと一緒に得られる性質が強い。例えば，自分の手の動きから生まれた線を「ぐんと伸びている」と思う，はさみを「ぐいぐい進む」という気持ちで使うなどが考えられる。自分の感覚や行為を通して，形や色などに気付くとともに，自分のイメージをもつことが重要である。

　中学年では，様々な手掛かりからイメージをもつようになる。例えば，「材料が白くてふわふわしていたから，ウサギを思い付いた」などのように，イメージと形や色の感じとの関係が低学年よりも具体的になる。自分の感覚や行為を通して，形や色などの感じが具体的に分かるとともに，自分のイメージをもつことを示している。

　高学年では，中学年よりもさらに具体的な特徴に即してイメージをもつようになる。例えば，「光の当たる場所に透明の傘をつるし，光が交錯する情景を想像する」などのように心に描いた情景や像などから形や色を考えたりすることが考えられる。自分の感覚や行為を通して，形や色などの造形的な特徴を理解するとともに，自分のイメージを自覚的にもつことが求められる。

　指導に当たっては，これまで行われてきた指導内容や方法を〔共通事項〕の視点で見直すことが大切である。例えば，「子供が絵の具を混ぜてつくった色にどのようなイメージをもっているのかを確かめながら指導を展開する」「のこぎりで板材を切っているときの音や動きのリズムなどからどのような技能を働かせているのか捉えて指導を改善する」などが考えられる。なお，〔共通事項〕は，〔共通事項〕だけを題材にしたり，どの時間でも〔共通事項〕を教えてから授業を始めたりするなどの硬直的な指導を意図したものではない。事実的な知識だけの取扱いにならないように配慮することが重要である。

3 指導計画の作成と内容の取扱い

(1) 指導計画作成における配慮事項

　教科における指導計画を作成することにおいて，一つ一つの題材を魅力あるものとして計画していくこととともに，教育活動の総体としてそれらの題材がどのようなつながりをもって低学年，中学年，高学年の2年間を，そして小学校の6年間を構造化しているかが重要である。そのためにも，目標と内容を十分に理解し，児童の発達の特性や実態に応じて資質・能力の育成を目指した計画を立てる必要がある。

　学習指導要領ならびに解説では，指導計画の作成に当たり，次の九つの配慮事項を示している。

① 主体的・対話的で深い学びの実現に向けた授業改善

　これは，かねてから取り上げられていた「アクティブ・ラーニング」の視点からの授業改善として，三つの資質・能力を身に付け，様々な課題に対応できるような学びの深まりを目指し，学びの質に着目した授業改善に取り組むことを求めたものである。この学びの質を高めるための授業改善においては，教育現場におけるこれまでの学習・指導方法を否定しているのではなく，また特定の方法を求めているのでもなく，これまでの優れた教育実践の蓄積を基に，授業の工夫・改善の取組を進めていくことを必要としている。

　この「主体的な学び」では，子供自身が興味をもって学習に積極的に取り組むということにとどまらず，その目的を認識し，学習への振り返りと見通しをもって活動に取り組むことが大切となる。また，「対話的な学び」では，自分と異なる考え方に触れたり，向き合ったりすることによって自分の考え方を形づくったり，広げたり深めたりすることにつなげていくことを求めている。そして，「深い学び」では，身に付けた資質・能力が活用・発揮されていくことでさらに伸ば

されたり，新たな資質・能力が育まれたりしていくことが重要である。

学習活動においては，この三つの学びが互いに関わりながらバランスよく実現していくように授業を改善し，指導計画を作成していくことを大切にしたい。また，各教科においてこの授業改善を図るには，特に深い学びにつながるものとして各教科固有の「見方・考え方」を重視している。図画工作科では，これを「造形的な見方・考え方」として，「感性や想像力を働かせ，対象や事象を，形や色などの造形的な視点で捉え，自分のイメージをもちながら意味や価値をつくりだすこと」としている。この「造形的な見方・考え方」の特徴は，知性と感性を共に働かせて対象や事象を捉えることである。

② 「A表現」及び「B鑑賞」の関連

「A表現」及び「B鑑賞」の関連とは，表現と鑑賞が相互に関連して働き合うことで児童の資質・能力の育成を目指すことである。そのためには，一つの題材の学習過程において造形活動と鑑賞活動が往還するように計画することが求められる。そのことにより，児童が表現したことを自分や友人と味わうことを通して，さらに表現を広げたり深めたりしていくことが期待できる。また，表現することが鑑賞する上での造形的な見方・考え方をより働かせていくことにもなる。

一方で，鑑賞を独立して扱うことで指導の効果を高めることも考えられる。その際には，児童一人一人が感じ方や見方を深められるような内容であり，児童が関心や親しみをもてる作品を選ぶことに配慮したい。また，ここでは感じたことを言葉にしたり話し合ったりするなど，言語活動を充実させることも大切にしたい。

③ 〔共通事項〕の取扱い

〔共通事項〕は，図画工作科の全ての学習に含まれている内容である。したがって，「A表現」及び「B鑑賞」のどちらの指導においても配慮して指導計画を作成する必要がある。〔共通事項〕のアは，形

や色などの造形的な特徴に関するものであり，資質・能力の「知識」に関する事項である。イは，イメージに関するものであり，「思考力，判断力，表現力等」に関する事項である。

また〔共通事項〕は，中学校美術科においても示されているものであり，図画工作科から一貫して育成することを大切にしたい。

④ 「A表現」の(1)，(2)の関連と指導に配当する授業時数

新しい学習指導要領では，内容の構成が資質・能力で整理されたことによって，「A表現」における造形遊びをする活動は(1)のアと(2)のアを関連付けて指導する必要がある。同様に，絵や立体，工作に表す活動は(1)のイと(2)のイを関連付けることになる。

また，工作に表す活動において育成する資質・能力は，中学校技術・家庭科における資質・能力にもつながるものであり，工作に表すことの内容に配当する授業時数は，絵や立体に表すことの内容の授業時数とおよそ等しくなるように指導計画を立てる必要がある。

⑤ 共同してつくりだす活動

「A表現」の指導においては，共同して製作する内容を取り入れることが求められる。これは，児童が形式的に活動を分担して受け持つということではなく，互いの発想や構想，表し方などに気付き，表現や鑑賞を高め合うことにつながるものとしたい。つまり，作品をつくる方法としてだけではなく，児童が共に活動そのものをつくりだしていることが重要である。

⑥ 作品などの特質を踏まえた「B鑑賞」の指導

「B鑑賞」の活動においては，その対象となる作品が自分たちの作品か，または美術作品かによっても児童の関わり方は異なってくる。したがって，それらを踏まえて指導の手立てを工夫し指導計画を作成する必要がある。

⑦ 低学年における他教科等や幼児教育との関連

低学年においては，特に小学校入学当初の教育課程編成上の工夫と

して他教科や幼稚園教育との連携を図ることが求められている。このことは，スタートカリキュラムとして幼児期の終わりまでに育った姿を発揮できるように，合科的・関連的な指導を行ったり，児童の生活の流れを大切にして弾力的に時間割を工夫したりすることである。

指導計画においては，他教科等の関連した単元の実践の時期を合わせたり，図画工作科の授業でつくったものを他教科の活動で活用したりするなど両者の関連に配慮する必要がある。

⑧ **障害のある児童への指導**

障害のある児童への指導においては，児童の十分な学びを確保し，一人一人の児童の障害の状態や発達の段階に応じた指導や支援を充実させていくことが重要である。そのためにも図画工作科の目標や内容を踏まえ，個々の児童の異なる困難さに応じた指導内容や指導方法を工夫することを大切にし，個別の指導計画を作成する必要がある。

⑨ **道徳科などとの関連**

図画工作科と道徳教育との関連については，図画工作科において育成を目指す造形的な創造による豊かな情操を道徳性の基盤を養うものとして大切にする必要がある。そのためにも造形活動を通してつくりだす喜びを十分に味わうことを大切にしたい。

また，特別の教科である道徳とのよりよい関連を図るためには，相互の年間指導計画の関連に留意し，指導の成果を生かしていくことも求められる。

(2) 内容の取扱いにおける配慮事項

学習指導要領においては内容の取扱いについての配慮事項として11の事項が示されている。ここでは，特に今回の改訂で新設された事項を中心に見ていきたい。

① **〔共通事項〕のアとイとの関わり**

〔共通事項〕の取扱いについては，指導計画作成上の配慮事項としてすでに示されていることでもあるが，ここでは児童自身が〔共通事

項〕のアとイの関わりに気付くことを大切にしている。アは形や色などの理解であり，イは自分なりのイメージをもつことであるが，造形活動においては，アから引き続いてイが発揮されたり，イを基に形や色などに気付いたりするなど，相互に関連し合うものである。活動を通してこのことを児童が気付くように指導するとともに，アやイをそれぞれそれだけで取り出して指導することがないように留意したい。

② 〔共通事項〕のアの指導

引き続き〔共通事項〕に関する事項であるが，ここでは各学年における〔共通事項〕の(1)アの指導に当たって配慮する事項を示している。アは知識に関する指導事項であり，低学年では「自分の感覚や行為を通して，形や色などに気付く」，中学年では「自分の感覚や行為を通して，形や色などの感じが分かる」，高学年では「自分の感覚や行為を通して，形や色などの造形的な特徴を理解する」と示している。各学年においては知識がどのように習得されていくかに配慮し，またそれを意識した指導の在り方を工夫していく必要がある。

③ 児童の思いを大切にした指導

「A表現」の指導においては，児童が自分の思いを大切にしながら活動することが大切であり，それを可能とする指導が重要である。活動を通して児童は，「○○をつくってみたい」「○○を使いたい」「もっとやりたい」など多様な思いをもつ。教師はこれら児童の思いをしっかりと受け止め，自らの指導に生かしていきたい。そして，そのことが児童自身のよさや可能性の発見につながると考えられる。

④ 互いのよさや個性などを認め尊重し合うようにする指導

児童一人一人が自らのよさや個性を発揮して活動することから，友人と互いのよさや個性などを認め尊重し合うことへとつなげていくことは重要である。そのためにも学習の過程において，友人の作品や活動に目が向くようにしたり，友人との交流の場を設定したりすることは大切である。そして，児童が自分や友人のよさや個性に気付き尊重

し合うようにするためには，まずは教師が児童一人一人のよさや個性を認め尊重することを心がけたい。

⑤ **言語活動の充実**

言語活動については，これまで各学年の「B鑑賞」(1)の中で示されていたが，今回「内容の取扱いにおける配慮事項」に移行された。ここでは〔共通事項〕に示された事項を視点とすることが押さえられているが，それをどのように捉え，また言語としてどのように活動に結び付けていくかについては，児童の発達も踏まえながら考えていくことが大切である。

また，言語活動の充実を図るためには，言語に表すことだけを目的としたり，形式的な活動に陥ったりすることのないように，それが児童にとって造形的な活動と密接につながっていることを大切にしていくことが重要である。

⑥ **コンピュータ，カメラなどの情報機器の利用**

最近では，学校教育現場においても様々な情報機器の利用が可能となってきている。しかし，それらの学習における効果を考えるとき，その利便性だけにとらわれることなく，授業のねらいを前提としてその機器の必要性を検討した上で使用すべきである。コンピュータやカメラのもつ表現活動や鑑賞活動の可能性を図画工作科で目指す資質・能力の育成につなげていくことが重要である。

⑦ **創造性を大切にする態度**

図画工作科における児童の様々な活動では，造形的な創造活動として自らがその意味や価値を実感できるような指導を大切にしたい。また，この創造性を大切にする態度を中学校美術科での学習における美術文化の継承，発展，創造を支えていることへの理解やこれからの未来を創造していこうとする態度へとつなげていきたい。

第2節 資質・能力を踏まえた指導計画の作成
──題材づくりと学習指導のポイント──

1 第1学年・第2学年

A 表現

① A表現(1)

　低学年児童の発想や構想に関わる姿として,「解説」では「進んで材料などに働きかけ,そこで見付けたことや感じたことを基に思いを膨らませたり,楽しかったこと,驚いたことなどの出来事,好きなものや考えたお話などを思いのままにかいたりつくったりしている姿が見られる。また,自分自身を変身させたり,何かになりきったりして,空想することを楽しんでいる姿も見られる」と示している。このような実態を生かして,発想や構想に関する事項を指導する。

　ここでは「ア　造形遊びをする活動」と「イ　絵や立体,工作に表す活動」の二つの活動を通して,「思考力,判断力,表現力等」を育成する構成となっている。

「A表現」(1)ア	「A表現」(1)イ
造形遊びをする活動を通して,	絵や立体,工作に表す活動を通して,
身近な自然物や人工の材料の形や色などを基に造形的な活動を思い付くことや,	感じたこと,想像したことから,表したいことを見付けることや,
感覚や気持ちを生かしながら,どのように活動するかについて考えること。	好きな形や色を選んだり,いろいろな形や色を考えたりしながら,どのように表すかについて考えること。
思考力,判断力,表現力等	

「Ａ表現」(1)アの「造形的な活動を思い付くこと」の指導に当たっては，材料と十分に関わることができるようにすることが大切になる。材料については，そのもの自体の形を変えにくいものとしては，「石や割り箸，ペットボトルなど」，そのもの自体の形を変えることができるものとしては，「紙や粘土，土など」が挙げられる。

材料の特徴によって活動の可能性が変わることを踏まえ，材料を選ぶ必要がある。例えば「春にペットボトルのふたを並べる活動をした。秋には，ペットボトルを並べる活動をした」という場合，両方とも形が変えられないものを材料として扱っている。それならば，秋には，土や粘土など形が変えられる材料で活動した方が児童の資質・能力は豊かに広がるだろう。このように，材料の方向から見ていくということが大切な視点となる。

児童が進んで造形的な活動を始めるような提案をしたり，題材名を示したりすることも重要である。授業では教師が一緒に活動したり，例を挙げたりすることはあるが，指示的になりすぎて児童の発想を狭めたり，具体的な作品をつくるような意識を強くもたせすぎたりすることがないように十分注意する必要がある。

どのように活動するかについて考える指導に当たっては，児童の活動は多様であることを踏まえた指導の工夫が必要である。例えば，色水を並べる活動で，並べていきながら活動が広がっていく場合もあれば，今度どうすると聞かれ，ピンクっぽい色でハートの形をつくってみるというように，始めからある程度具体的なイメージをもって活動する場合もある。一度やってみてだいたいこんなことができると分かってからの活動では，そのようなことがよく見られる。このとき，具体的なものをつくってはいけないという指導をするものではない。「この材料でどんなことができるか」ということが大事であり，児童はそこから何かのイメージをもち，活動するときもあれば，活動するうちに具体的なものを形づくることを目指すときもある。児童の様子

をよく見て、児童一人一人の発想や構想を可能な限り受け止めることが大切ということである。

「A表現」(1)イにおいて、平成20（2008）年版と比較し、新たに加えられたところを三つ示す。

一つ目は、低学年では、絵や立体に表していても、それで遊びたくなったり飾りたくなったりすることもあるので、絵や立体、工作の関連については、他学年以上に柔軟に捉える必要があるということである。特に、工作においては用途や目的を考えながらつくっていても、つくっているうちに考えが変わっていくことがあるので柔軟に対応する必要がある。

二つ目は、児童は、自分で表したいことを見付けると、それを実現したいという強い思いをもつので、表したいことを見付けることは、表現の原動力とも言えることである。ただし、低学年の児童の表したいことは、初めからはっきりしているものではないので、およその表したいことも含めて捉える必要がある。

三つ目は、画用紙の上で筆を動かしながら考えたり、友人に話したりしながら思いを巡らすことも考えられるということである。「大きさはどうしようかな、どこにかこうかな、何を使ってかこうかな」とかく前に試行錯誤する児童もいる。かき始めるまでの時間を見守っていくなど、考える間も大切にする指導が必要である。

また、表したいことを見付けることは、児童自身が行うことだということを教師が常に意識して、低学年から指導を積み重ねていくことが重要である。表したいことがなかなか見付からない児童には、真似も否定せず、その中でわずかな違いを教師が見付け、褒めていき、安心して取り組むようにしたり、無理に見付けることを言い過ぎないようにし、焦らず温かく見守ったりすることも大切である。

どのように表すかについて考える時間を設定したり、児童の様子をよく見て指導に生かしたりすることも大切である。すぐに助言をする

② 　A表現(2)

　低学年児童の技能に関わる姿として,「解説」では「土や粘土などの材料に体ごと関わって楽しんだり, 身近にあるいろいろな材料を並べたり, つないだり, 積んだりして, 進んで材料などに働きかけている姿が見られる。また, 友人とともに大きな材料に体全体で関わったり, 砂場で形の変化を楽しんだりして関わっている姿も見られる。思い付いたことはすぐにつくったり, かいたりしたいと思い, はさみなどの用具も好んで使い, 重ねた紙を切ってみたり, 自分でかいた線に沿って切ってみたりするなどの姿も見られる」と示している。このような「技能」における実態を生かして, 技能に関する事項を指導する。

　ここでは「ア　造形遊びをする活動」と「イ　絵や立体, 工作に表す活動」の二つの活動を通して,「技能」を育成する構成となっている。

「A表現」(2)ア	「A表現」(2)イ
造形遊びをする活動を通して,	絵や立体, 工作に表す活動を通して,
身近で扱いやすい材料や用具に十分に慣れるとともに,	身近で扱いやすい材料や用具に十分に慣れるとともに,
並べたり, つないだり, 積んだりするなど手や体全体の感覚などを働かせ, 活動を工夫してつくること。	手や体全体の感覚などを働かせ, 表したいことを基に表し方を工夫して表すこと。
技能	

　A表現(2)ア及びイの両方に,「身近で扱いやすい材料や用具に十分に慣れるとともに,」とあるが, これは今回から指導事項に入った内容である。A表現(2)については, 指導事項がア, イそれぞれ二つとなっており, 一つは「材料や用具に十分に慣れること」(ア, イ共通), もう一つが「活動を工夫してつくること」(ア),「表し方を工夫して表すこと」(イ)となっている。

ここでいう技能とは，これまでの創造的な技能と何ら変わることはなく，児童が手や体全体の感覚などを働かせて，材料そのものに働きかける活動により，身に付けていくものである。
　A表現(2)アの「並べたり，つないだり，積んだりするなど」については，代表的な例であり，これらの活動を大事にしつつ，他にも重ねる，かぶせる，丸める，破る，巻く，つるす，もぐりこむ，たらすなどが考えられ，多様な活動を想定していくことが考えられる。
　「材料や用具に十分に慣れること」の指導に当たっては，「もっと使ってみたい」という関心や意欲をもつようにすること，特に安全に配慮し，はさみや簡単な小刀など危険が伴うものは，必ず教師が使い方を見せることが大切である。また，用具に十分に慣れてから使うわけではなく，活動を工夫してつくることを積み重ねることによって身に付けていくことを押さえていく必要がある。
　「活動を工夫してつくること」の指導に当たっては，材料だけではなく活動場所について考慮することが大切である。これは，教師の役割であることも押さえていく必要がある。
　材料の並べ方や積み方を教師が指示して児童にさせるのではなく，児童が自ら工夫してつくるように指導の工夫をすることが重要であるが，児童の興味や関心が途切れ，活動の停滞が見られるときには，新しい試みをする視点に気付くようにしたり，質の違う材料を提案してみたりするなど指導を工夫する必要がある。また，同じことを繰り返しながらも，興味や関心が継続しているのか，単に繰り返しているのかを見極め，指導することが大切である。
　A表現(2)イの「手や体全体の感覚などを働かせ」については，手や体全体の感覚と自分の気持ちが一体となって技能を発揮することである。体全体とは，大きなものをつくることのみを意味しているものではない。児童の造形活動の本来の姿である全ての感覚や技能を総合的に働かせるということである。

「材料や用具に十分に慣れること」の指導に当たっては，材料や用具を楽しく使えるような題材を設定すること，例えば，形を線のとおり正確に切るというよりも，切る心地よさを感じながら楽しくはさみを使えるような題材を設定し，表し方を工夫して創造的に表す過程で使い方について関心をもち，はさみで切ることに十分に慣れるようにすることが大切である。

　「表したいことを基に表し方を工夫して表すこと」の指導に当たっては，発想や構想を含めた過程で技能を捉える必要がある。児童が表したいことを見付けたときは，およその形や色などをイメージし，それを実現しようする思いを大切にした指導をすることが重要である。また，感じたことを生かしながら表すことや，用具を使うことから表現が広がるような指導を工夫することも重要である。思い付いたことがすぐにできるような材料や用具をあらかじめ用意しておくことも大切である。そのために，多様な試みを支えるため，材料はある程度の量を用意することも必要である。

　さらに，教師が表す形を決め過ぎたり，手順が複雑で一つ一つの細かな指示がないとできない内容を設定したりするような題材設定は避ける必要がある。

　A表現(1)(2)の指導計画の作成については，「児童が思い付いたことや方法を，すぐに試すことができる環境を用意すること」「教師自身が集めたり保護者の協力を得たりしながら，造形活動に役立つ材料を数多く準備し，保管しておくこと」「活動の始まりに活動場所の範囲を明確に示しておくこと」「前学年までにどのような材料や用具を経験しているのかを把握しておくこと」などが大切である。児童の思いに沿って，活動が連続していくように見通すことが大事であり，児童がいろいろなことを思い付くことができる題材設定が大切になる。

B　鑑　賞

　低学年児童の鑑賞に関わる姿として，「解説」では「校庭に材料を

並べながら時折並べた材料を見渡す,自分の作品をいったん確認して次の活動に移るなど,見るということをあまり意識せずに自然と見ている姿が見られる。気に入った対象や事象をじっと見たり材料の感触を楽しんだりするなどの姿もある。作品を見たり,つくったりしているときに,作品と同じポーズをとったり,自分の見付けたことを独り言のように口にしたり,友人の話に耳を傾けたりする姿も見られる。つくったものを誰かに見せたり贈ったりする姿も見られる」と示している。このような実態を生かして,鑑賞に関する事項を指導する。

ここでは,鑑賞の活動を通して,「思考力,判断力,表現力等」を育成する構成となっている。

「B鑑賞」(1)ア
身の回りの作品などを鑑賞する活動を通して,
自分たちの作品や身近な材料などの造形的な面白さや楽しさ,表したいこと,表し方などについて,
感じ取ったり考えたりし,
自分の見方や感じ方を広げること。
思考力,判断力,表現力等

「身の回りの作品など」とは,自分たちの作品や身近な材料などのことであり,児童の身の回りにある鑑賞の対象を示している。

「感じ取ったり考えたりし」とは,自分たちの作品や身近な材料などの造形的な面白さや楽しさなどを,自分なりに味わっている姿のことである。

「自分の見方や感じ方を広げる」とは,児童がもっている自分なりの見方や感じ方を基にしながら,新たに見たり触ったりした作品や材料などとの出会いの中で,見方や感じ方を広げることである。また,これまで見たり触ったりした経験がある作品や材料であっても,生活範囲や関心の広がり,友人との関わりなどとの中で,これまでとは違った見方や感じ方ができるようになり,自分の見方や感じ方を広げ

ることもある。

　「B鑑賞」(1)アの指導に当たっては，進んで見たり，触ったり，話したりするなど，自ら働きかける能動的な鑑賞活動を行うことの重要性を踏まえ，指導の充実を図る必要がある。

　特に，低学年では，触って感じ取ったり考えたりすることが重要であることが新たに示されており，例えば，指先で触る，てのひらで包み込むように触る，抱きかかえるように触る，持ち上げるなど児童が様々に作品などを触ることができるようにする触り方の例示を提案することも考えられる。

　また，感じたことや思ったこと，考えたことなどを，話したり聞いたり話し合ったりする，言葉で整理するなどの言語活動を充実することも重要である。その際，低学年児童の言葉の数や語彙は限られているが，児童が自然に発する言葉は，決して一面的なものではなく，自分なりの意味をもっているので，児童一人一人の話を十分に聞くことが大切である。

　また，友人などの話をそのまま自分の気付きのように捉え，直ちに自分の表現や作品の見方に取り入れたりする姿もあることから，このような姿を指導の過程において生かすことが大切である。

　さらに，日頃から児童の様子をよく見て，どのようなことに興味や関心をもっているのかを把握し，児童が興味や関心をもっているものを鑑賞の対象にしたり，鑑賞の対象と関連付けたりすることが重要である。また，造形活動においては，何かつぶやいたり，自分の作品をじっと見つめたりするなど，「B鑑賞」を通して育成する「思考力，判断力，表現力等」が自然に表れている姿に着目することも大切にしたい。

　B鑑賞(1)の指導計画の作成については，まず「A表現」及び「B鑑賞」相互の関連を図るようにする必要があるということである。相互に関連を図るということは，今回も重要となる。児童は表現を十分に

第2節　資質・能力を踏まえた指導計画の作成——題材づくりと学習指導のポイント——

行うと，自分はこうしたけれど友人はどうしたのだろうと他者の表現にも関心をもつようになる。豊かな表現なくして，豊かな鑑賞はないということでもある。

　また，感じ取ったり，考えたりする時間を十分に確保し，児童が想像を膨らませたり，表したい思いを温めたりすることができるようにすることは重要である。「児童が材料の感じを体全体で味わっているときに，安易に「何に見えるか」など問いかけ，見立てをさせたり，作品の製作の過程で一律に形式的な相互に鑑賞する時間を設けたりなどすることは，造形活動の広がりや表現の意欲の高まりを妨げることもあるので留意する必要がある。すぐに教師が声をかけるというのではなく，児童から「○○に見える」とつぶやきなどが出たときが教師が声をかけるタイミングとなる。児童が味わっている時間を大切にしていく必要がある。

　一人一人の児童が，鑑賞して得たことを造形活動や鑑賞活動にどのように生かしていくかを捉えることについては，教師が見取りを行うことが児童の資質・能力を育成する上で重要となってくる。一度に全員の評価を行うことは難しいので，題材を通して計画的に行っていく必要がある。

　さらに，児童が活動しながら自然に鑑賞できるように学習環境を整えることも大切である。例えば，
○材料や用具の置き場を考慮し，取りに行って戻る途中に友人の活動や作品が目に入るようにする。
○教室の席を班の形にして，互いの活動や作品が目に入るようにする。
○製作途中の作品を保管する棚や机を，作品の置き場所としてだけではなく，児童が自分の作品や友人の作品を鑑賞する場とする。
などが考えられる。わざわざ鑑賞の時間を設定しなくても，自然に見合えるような環境を考えると一人一人が自分の課題に沿った能動的な

鑑賞につながっていくことになる。

[共通事項]

　低学年児童の姿として，「解説」では「身近にあるものを，自分の好きなもの，見たことのあるもの，心地よいものなど，自分なりの感覚や気持ちを基に捉える傾向がある。形や色などについては，同じ，違う，似ている，似ていないなどの印象や，大きい小さい，長い短い，丸，三角，四角など大まかなまとまりで捉える傾向がある。イメージについても，自分の感覚や行為などを基にした直観的なものである。そして，多くの場合，それは，自分の気持ちや行為から自然に生まれるものであり，これを対象や事象と分けて考えたり理由付けて説明したりすることは難しい」と示している。このような実態を生かして，形や色，イメージに関する事項を指導する。(1)「A表現」及び「B鑑賞」の指導を通して，次の事項（〔共通事項〕(1)ア，イ）を身に付けることができるように指導することとなっている。

[共通事項](1)ア	[共通事項](1)イ
自分の感覚や行為を通して，	形や色などを基に，
形や色などに気付くこと。	自分のイメージをもつこと。
知識	思考力，判断力，表現力等

　〔共通事項〕(1)アの事項は，形や色などに関する事項であり，その点は平成20（2008）年告示の学習指導要領と変わりはないが，今回の改訂では「知識」として整理して示されている。

　「自分の感覚や行為」とは，紙や粘土などの材料や自分たちの作品などを捉えるときの，自分の視覚や触覚などの感覚，並べたり積んだりするなどの行為や活動のことである。平成20（2008）年告示の学習指導要領では，「自分の感覚や活動を通して」と示していたが，今回の改訂では「自分の感覚や行為を通して」と示している。それは，並べたり，積んだりするなどの一つ一つの行為を通して，形や色などに気付くことを重視したためである。

「形や色などに気付く」とは，このような感覚や行為を通して，形，線，色，触った感じなどに気付くことを示しており，学習活動，扱う材料や用具などにより，様々な内容が考えられる。ここでは，児童が単に形や色を見ているのではなく，例えば普段使っているバッグだったらお母さんがつくってくれたピンクのお気に入りバッグなど，日常の行為を通して児童は形や色などを見ている。感覚や行為と結び付けて形や色を捉えるようにすることが大切ということである。

児童が，自分の感覚や行為を通して，形や色などに気付くと，発想や構想をするときに，「形はどうしようか」「色はどれにしようか」などと，形や色などに着目して活動するようになる。また，作品などを鑑賞するときや，技能を働かせるときも，形や色などに着目して活動するようになる。これらは，「知識」を活用して「思考力，判断力，表現力等」や「技能」を働かせているということである。このように形や色などを視点にもつことを「知識」として位置付けている。

〔共通事項〕(1)イの事項は，自分のイメージに関する事項であり，その点は平成20（2008）年告示の学習指導要領と変わりはないが，今回の改訂では「思考力，判断力，表現力等」として整理して示している。「自分のイメージをもつ」とは，大人から与えられた知識や，社会の習慣などを受動的に理解することではなく，児童が自分の感覚や行為とともに，イメージをもつことであり，一般的なイメージを教えるということではない。

「イメージ」とは，児童が心の中につくりだす像や全体的な感じ，又は，心に思い浮かべる情景や姿などのことである。「イメージ」は印象やこれまでの経験から感じ取ったものなど全てが含まれる。子供たちは，この自分自身のイメージを手掛かりに発想や構想をしたり，創造的に技能を働かせたりすることになる。

特に低学年の段階では，イメージは自分の感情や行動などと一緒に得られるものである。このような児童自身と一体になったイメージが

働いており,児童はこれらを基に自分の活動を展開していることを押さえて指導する必要がある。

　また,表したいことに対して自分のイメージをもつだけではなく,材料や場所などに対して自分のイメージをもったり,作品などに対して,自分のイメージをもったりすることを大切にした指導が重要である。

　〔共通事項〕の指導に当たっては,(1)ア及びイの事項の視点から,指導の充実を図る必要がある。

　「自分の感覚や行為を通して,形や色などに気付くこと」の指導に当たっては,形や色の名前などをあらかじめ学習するのではなく,児童が体験的に対象の形や色などに気付くようにすることが重要である。形や色などを比べて選ぶ,様々な材料に触れるなどの,多様な学習活動を設定し,楽しみながら児童が形や色などに興味や関心をもつようにすることが大切であると示されている。

　「形や色などを基に,自分のイメージをもつこと」の指導に当たっては,児童がもっているイメージを捉え,具体的に把握し指導に生かすことが大切であると示されている。

　指導計画の作成については,「A表現」及び「B鑑賞」の指導を,〔共通事項〕の視点で見直し,指導内容や方法,指導上の配慮事項などを検討することが示されている。

　〔共通事項〕は児童が普段の生活で発揮している資質・能力であり,形や色などを活用してコミュニケーションを図る児童の姿としてあらわれることから,〔共通事項〕だけを題材にしたり,個別に取り上げて教えたりするなどの硬直的な指導とならないように,指導内容や方法を検討して指導計画を具体化する必要があることが示されている。

2　第3学年・第4学年

ここでは学習指導要領の内容を具体的な学習場面に落としこんで見てみたい。

A　表現

(1)　表現の活動を通して，発想や構想に関する次の事項を身に付けることができるよう指導する。
　ア　造形遊びをする活動を通して，身近な材料や場所などを基に造形的な活動を思い付くことや，新しい形や色などを思い付きながら，どのように活動するかについて考えること。

● 3年「ひみつの机の下ワールド」

中学年の造形遊びにとって，場所選びは発想を広げるための重要な条件となる。本題材では，子供たちが毎日学んでいる教室の机が，その舞台となる。

しかも廊下から覗いた机の上は一見，いつもと変わりないのだが，「実は机の下ではひみつの世界が？」という想像をかきたてる導入から，トイレットペーパーとマスキングテープを持った子供たちの活動が始まる。

机の下は，避難訓練のとき以外は入ることのない空間だが，天井と柱，そして引き出しのスペースまで備えた造形活動の舞台にもなり得るのである。

ていねいに長く裂いた紙を何本も天井からぶら

下げたり，床を河原に見立て丸めた紙をたくさん敷きつめたりしながら，自らの手により生まれ変わる材料を基に思い思いの机の下ワールドへ変化していく。「やってみたい」が「こんな世界にしたい」に変わった場面である。

> イ　絵や立体，工作に表す活動を通して，感じたこと，想像したこと，見たことから，表したいことを見付けることや，表したいことや用途などを考え，形や色，材料などを生かしながら，どのように表すかについて考えること。

　中学年では，客観性や他者意識の芽生えに配慮し，見たことや用途が加わり，形や色，材料などを生かし，どのように表すかについて考えることを示している。

● 4年「私はデコボコアーティスト」

　子供たちは，身の回りにある物全てに質感があることをあまり意識せずに生活している。本題材では，クレヨン・パスでこすり出す（フロッタージュ）活動を通して，あらためて材質や表面加工により様々な手触りがあることを認識しながら身近な形や色に注目して活動していく。1枚目に渡された紙にはできるだけ数多くの種類の凹凸からうまれる模様を集めることに没頭し，自然と教室のあちらこちらから「そのデコボコはどこにあったの？」と質問し合う会話が聞こえてくる。

　協働して数を増やす姿もあれば，自分だけが発見した場所を大事そうに教える姿も見られた。さらに2枚目の紙には，自分の見付け

た模様や友達から教わった場所で新たに見付ける模様を組み合わせ、こすり出す範囲・形や色を構成しながら絵に表していく。右写真の子は、「僕は新種の恐竜を掘り当てた場面を描いています。みんなは

色も派手だけど、黒だけのほうがウロコっぽい模様の古い感じがしてよいです」と、自分のイメージに自信をもって取り組んでいた。

> (2) 表現の活動を通して、技能に関する次の事項を身に付けることができるよう指導する。
>   ア　造形遊びをする活動を通して、材料や用具を適切に扱うとともに、前学年までの材料や用具についての経験を生かし、組み合わせたり、切ってつないだり、形を変えたりするなどして、手や体全体を十分に働かせ、活動を工夫してつくること。

●4年「空気スティックなんでも商店」

　前の学年では、大きなポリ袋（半透明とカラー）を使って校庭で風を集めたり、大きく膨らませた袋を積み木のように組み合わせたりしながら、自分たちと同じくらい大きなバルーン人形をつくった経験のある彼らが、次に出会ったのはカサ袋である。棒状に膨らませた基本形のカサ袋「空気スティック」は、ねじって曲げたり、テープでつなげたりして思い思いの立体造形に構成していくことのできる材料である。子供

たちは，ねじる操作により形を自在に変身させられる手応えを得ると，今度は友達と協力しながら何本も線状のスティックを横に並べていく。やがてそれらは面になり，「壁や屋根ができそう」と期待感をもち取り組んでいった。

「3年生のときと同じで向こう側が透けて見えるね」と既習内容を振り返ったり，「1本だと割れやすいのに，何本もあると僕たちだって乗ることができるくらい丈夫になるね」と新たな材料の可能性に気付いたりする姿は，造形遊びの積み重ねによって培われてきた力だと言える。

> イ　絵や立体，工作に表す活動を通して，材料や用具を適切に扱うとともに，前学年までの材料や用具についての経験を生かし，手や体全体を十分に働かせ，表したいことに合わせて表し方を工夫して表すこと。

● 4年「つくって つかって たのしんで」

木工作における材料や用具についての経験は，中学年で身に付ける

技能が「できる→楽しい→もっとやりたい」と意欲へつながっていく象徴的な場面の一つである。3年時の，角材をのこぎりで木片に切り分け，釘を打って手や足に見立て「木の妖精」をつくった経験を経て，新たに薄い板材を切ることに挑戦する。のこびき

の角度・引くリズムや手応えなどを前年度と比較しがら，効率よく思いのままに切る方法を体得していく姿が見られた。また，薄い板材同士を垂直に釘で固定することの難しさに直面しながら，昨年度の角材と組み合わせる解決策を自ら見いだしていく姿も系統的な題材の配列により培われた技能の一つである。

さらに，垂直に固定した棚板を見て，その機能性に気付く視点も，中学年ならではの目的意識や他者意識の表れであると言える。

B　鑑　賞

> (1)　鑑賞の活動を通して，次の事項を身に付けることができるよう指導する。
> 　ア　身近にある作品などを鑑賞する活動を通して，自分たちの作品や身近な美術作品，製作の過程などの造形的なよさや面白さ，表したいこと，いろいろな表し方などについて，感じ取ったり考えたりし，自分の見方や感じ方を広げること。

この事項は，鑑賞する活動を通して育成する「思考力，判断力，表現力等」について示している。

鑑賞の対象としては，自分たちの作品や身近な美術作品のほか，中学年の児童の生活範囲の広がりや関心の広がりなどに対応して，自分

たちの表現の過程，美術や工芸作家など大人が表現している姿など，人々の工夫やアイデアが込められている製作の過程も示されている。

これらの対象について，進んで見たり，触ったり，話したりするなど，自ら働きかけ，自分の見方や感じ方を広げることを通して学習することを示している。

「自分の見方や感じ方を広げる」とは，児童がもっている児童なりの見方や感じ方を基にしながら，作品や材料などとの新たな出会いの中で，見方や感じ方を広げることである。また，見たり触ったりした経験がある作品や材料であっても，生活範囲の拡大や関心の広がり，友人との関わりの中で，これまでとは違った見方や感じ方ができるようになることもある。

中学年の子供たちが身に付け，鑑賞する活動を通して高めていきたい思考力，判断力，表現力等が，一方的に教え込む学習形態では培うことができないことは周知のとおりである。鑑賞活動の協働性・反復性と共に，授業者が「いかに問題解決へ向かう子供たちの学習意欲を高めていくか」という視点をもって臨むことが求められる。ここでは，図画工作科の授業における思考力，判断力，表現力等のつながりを子供たちの思考経路から考えたい。

> ◆「創造的思考」
> 問題に直面したときに，新しくて有意義な着想を生み出す思考である。与えられた条件から多くの可能な解答を出す発散的思考であること。　　　　　　　　　　（『日本大百科全書』小学館より）

子供たちは，鑑賞する活動をきっかけにして意欲を高め，思考力，判断力，表現力等を働かせながら，さらに次の活動へ邁進していく。授業者は「導入→展開→鑑賞（まとめ）」という授業像を思い浮かべがちだが，鑑賞を促す方法や場面は幾通りもある。

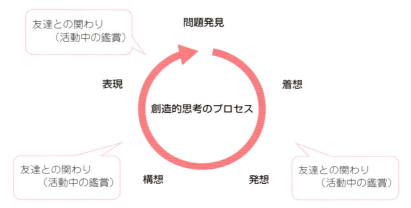

また，表現活動に取り組む子供たち一人一人の創造的思考は，その周回速度も，次の段階へ進むタイミングも十人十色である。

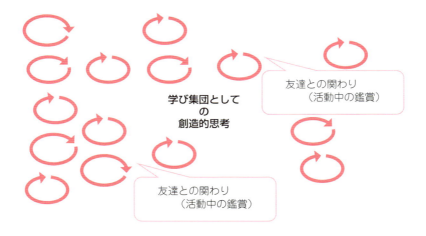

したがって「A表現」及び「B鑑賞」の指導については，相互の関連を図るようにする必要があり，完成した作品だけではなく，製作途中の作品を見合う時間を設定することが大切になる。

また，造形遊びをする活動では，材料を少し離れた場所に置いて活動全体が見えるようにするなど，活動の過程で鑑賞するということを児童が意識できるような指導計画を立てたい。また，最後に鑑賞する

ことを前提に，必ずしも全員が作品として残すようにする必要はなく，思いのままに発想や構想をしたり，技能を働かせたりし，つくり，つくりかえ，つくるという過程において，資質・能力が発揮されることに着目することが大切である。

▼「創造的思考」を深める三つの要素
1．自分らしい気付きや見方を引き出す題材設定
　→明確なスタートラインと
　　「がんばれば越えられそうな」ハードル
2．活動中，自発的に繰り返される鑑賞
　→友達と「ちがうところ」が「いいところ」
3．自分の考えや表現を俯瞰するための環境（場や時間）
　→活動から一歩離れて見直したり，他者に伝えたり，書いたりすることで自分の表現を再確認する機会を設定

● 4年「とびだすカードに思いをこめて」

　例えば，開くと飛び出す仕掛けを1枚の紙から見つけ出す活動における鑑賞の一例を紹介する。学級の一人一人が発見した未だ製作途中の仕掛けを掲示するためのパネルを，紙を取りに行く子供たちの動線上に配置するだけである。それだけで互いの工夫を見合い，質問し合う環境をつくることができる。しかも，参考にしたい瞬間に確認できるという個の活動を保障する利点もある。

〔共通事項〕

(1) 「A表現」及び「B鑑賞」の指導を通して，次の事項を身に付けることができるよう指導する。

〔共通事項〕は児童が普段の生活で発揮している資質・能力であり，形や色などを活用してコミュニケーションを図る児童の姿として表れる。〔共通事項〕だけを題材にしたり，個別に取り上げて教えたりといった指導にならないよう，指導の内容や方法を工夫して指導計画を具体化したい。

例えば，グループで活動をしている児童がどのようなイメージを友人と共有しているのか，児童がつまずいたり活動が停滞したりしている原因は何かなどを把握する視点として活用することも大切である。

ア　自分の感覚や行為を通して，形や色などの感じが分かること。

指導に当たっては，児童が自ら，形の柔らかさ，色の冷たさ，色の組合せによる優しい感じ，面と面の重なりから生まれる前後の感じ，色の明るさなどを捉えることができるよう，活動の時間を充分に確保して児童が活動を通して色の変化などを味わうようにすることや，捉えたことを友人と確かめたり，言葉で伝え合ったりする機会を設けたい。

イ　形や色などの感じを基に，自分のイメージをもつこと。

形や色の感じなどと自分のイメージとの関わりを考えるような手立てが大切である。例えば，材料にたっぷり触れ合ったり，表したいことをじっくり考えたりすることができるように，材料などの量や活動

などの時間を十分に確保することが重要である。

　その際，特定の図像や情報を与えて，それに児童を沿わせるように指導するのではなく，児童が自分のイメージに気付き，活動することのできるようにすることが重要である。例えば，自分の思ったことを簡単な絵や図にかきとめたり，友人と語り合ったりするなどの場を設けることが考えられる。教師は，児童の姿や文章から捉えたり，ときには尋ねたりするなどして，常に児童のイメージを把握するよう心がけたい。

　〔共通事項〕は，児童が自分の感覚や行為を通して，形や色などの感じが分かり，その形や色などの感じを基に自分のイメージをもつ場合もあれば，形や色などの感じを基に，自分のイメージをもち，そこから自分の感覚や活動を通して，形や色などの感じが分かる場合もある。アとイの事項は，アから引き続いてイが発揮されたり，イを基に形や色などの感じが分かったりするなど，相互に関連し合う関係にある。そこでアとイの関連を図り，それぞれが発揮されるような指導計画の作成が必要である。

　ここでは，４年生の子供たちが二つの題材を通して，上記アとイの事項について相互に既習経験を関連させながら，活動に取り組む様子を紹介する。年間指導計画における題材配列や，学年間での題材の系統性については，児童の実態に応じて弾力的に実施する時期を調整したり，活動の視点を練り直したりする柔軟な姿勢が求められる。つまり，学びの連続性や関連性を意識して指導を計画・実施することが〔共通事項〕の基本となる。

●4年「いろ色かんじてアートかるた」
（鑑賞）

一般的なカルタには絵札と読み札があるように，自分でつくるアートかるたにも「小さな色紙を切ったり，組み合わせて貼ったりして，色と形で表す」絵札と，「この絵札からイメージする『○○な感じ』（やや抽象的に）という言葉を書いた」読み札を準備する。なるべく，かるたで遊ぶまでは周囲の友達に分からないように自分の心の中でイメージを温めておきたい。

4～8名程度が自分の絵札を机の上に並べたら，（1人2組以上つくった場合）10種類以上の札を使い遊んでみる。読み手が「○○な感じ」と読み札を読み上げると，真剣な眼差しで友達のつくった絵札を見回す。

「これかなぁ」「こっちかな」と迷いながら指さす絵札が，全員で一致することはまずない。このカルタでは速さより友達のイメージを探る推理力が必要である。また，もっと大切なのは，作者の児童が解答の絵札を発表した後に質問される「なぜこの絵が○○な感じなの？」というやりとりである。他者とのイメージのずれから学ぶ場面である。

●4年「さわりごこちも いい感じ」
（絵や立体，工作に表す活動）

本題材では，色と形に加えて様々な布のさわり心地をきっかけにして，子供たちは自分のイメージを膨らませていく。

ある児童は自分の持参してきた布を何度も指先や頬で触りながら肌触りを比べたり，図工室で準備した古布の山に目を閉じながら手を入れ，自分のイメージに合う布を探したりしていた。

アートかるたでの経験を生かし，友達同士で互いの布を触り合いながら「この布は何に使うと思う？」「引っ張ると伸びる布だからカメレオンの舌かな」「月のウサギがつく餅でした」と質問したり，「私なら，このレースの透け具合をいかしてクラゲをつくるな」とアドバイスしたりして，鑑賞のやり取りが自然に繰り返されていた。

左の作品に挑戦した児童は，「色も形もさわり心地も誰もやっていないことをしたい」と，カラフルな毛糸を準備し，何種類もの渦を根気強く完成させた。

3 第5学年・第6学年

A 表現

「A表現」は，(1)アと(2)アが造形遊びをする活動に関する指導事項，(1)イと(2)イが絵や立体，工作に表す活動に関する指導事項として示してある。そこで，二つの活動に分けて整理してみることとする。

○**造形遊びをする活動**（下線は筆者による）

	指導事項	〔第1学年及び第2学年〕	〔第3学年及び第4学年〕	〔第5学年及び第6学年〕
(1)	表現の活動を通して，発想や構想に関する次の事項を身に付けることができるよう指導する。	ア　造形遊びをする活動を通して，<u>身近な自然物や人工の材料の形や色などを基に造形的な活動を思い付くこと</u>や，<u>感覚や気持ちを生かしながら</u>，どのように活動するかについて考えること。	ア　造形遊びをする活動を通して，<u>身近な材料や場所などを基に造形的な活動を思い付くこと</u>や，<u>新しい形や色などを思い付き</u>ながら，どのように活動するかについて考えること。	ア　造形遊びをする活動を通して，<u>材料や場所，空間などの特徴を基に造形的な活動を思い付くこと</u>や，<u>構成したり周囲の様子を考え合わせたり</u>しながら，どのように活動するかについて考えること。
(2)	表現の活動を通して，技能に関する次の事項を身に付けることができるよう指導する。	ア　造形遊びをする活動を通して，<u>身近で扱いやすい材料や用具に十分に慣れるとともに，並べたり，つないだり，積んだりするなど手や体全体の感覚などを働かせ</u>，活動を工夫してつくること。	ア　造形遊びをする活動を通して，<u>材料や用具を適切に扱うとともに，前学年までの材料や用具についての経験を生かし，組み合わせたり，切ってつないだり，形を変えたりするなどして，手や体全体を十分に働かせ</u>，活動を工夫してつくること。	ア　造形遊びをする活動を通して，<u>活動に応じて材料や用具を活用するとともに，前学年までの材料や用具についての経験や技能を総合的に生かしたり，方法などを組み合わせたり</u>するなどして，活動を工夫してつくること。

(1)アは発想や構想に関する事項であり，「造形的な活動を思い付くこと」や「どのように活動するかについて考えること」の資質・能力

を発揮させることにより，これらを身に付けさせるものである。

「材料や場所，空間などの特徴」について，材料や場所などは概ね中学年までと同様であるが，高学年では，具体的な特徴を捉えることが示されている。また，自分自身を取り囲む場所や奥行きなど三次元的な広がりとして，新たに「空間など」が示されている。「特徴」については，材料や場所，空間などの形や色，質感などだけでなく，切ることや組み立てることができるといった材料の性質，光や風などの自然の環境，人の動きなど，場所や空間の様子を含むものである。

例えば，三色で着色された大量の割り箸を扱う題材で考えてみる。低学年では，形や色を基に，線状に並べたり色を変えながらクモの巣のような形にしてみたり，積み上げて壁や塔のようにしてみたりすることが考えられる。中学年では，教室など場所を条件に加えることで，机や椅子，棚などの高低差を利用して割り箸を滝のように組んでみたり，アーチ状に組んで机と机を結んでみたり，黒板に特定の色の割り箸を横に縦に隙間なく並べて色を変化させたりするなど場所の形や色を手がかりに発想を広げることが考えられる。高学年では，主材料を割り箸としながらも，他の材料と組み合わせたり用具を用いて接着・接合などを行ってよいこととし，さらに学校の特定の場所を小グループで決めさせ，場所のアレンジを考えていろいろ試してみようと提案したとする。午後に陽当たりのよい外につながる階段で，段差を利用して青い割り箸をつなぐことで「暑い午後，階段を上る人に涼しさを感じてほしい」と清流を表してみる。人通りの少ない中庭で，色を変えながら割り箸を並べて幾何学模様のようなパターンを配置することで「上階の窓から眺めて楽しんで『行ってみよう』と思ってほしい」と活動を意味付けしたりする。正面玄関や事務室など訪問者がよく利用する場所で，場所に合う色や形の塔をつくって「お客を楽しませたい」と願うなどが考えられる。

また，この題材例のように，高学年児童が材料や場所，空間などの

特徴を十分に関連させながら，造形的な活動を思い付くようにする必要があるほか，構成したり周囲の様子を考え合わせたりしながら豊かに活動できるよう配慮する必要がある。

　この題材例では，材料を限定し場所はグループで検討しているが，児童の実態や題材によって，自分なりに視点を決めて材料を集めたり場所を探したりする，場所や空間の時間による変化を視点にもたせるなど発想や構想において配慮したい。

　(2)アは技能に関する事項であり，低・中学年までの経験を生かしつつ，「活動に応じて材料や用具を活用する」ことや「前学年までの材料や用具についての経験や技能を総合的に生かしたり，方法などを組み合わせたり」などすることが高学年として示されている。

　前者は，児童自ら，材料や場所，空間などの特徴から思い付いた造形的な活動に応じて適切な材料や用具を選び，使い方を工夫してつくることである。例えば先の題材で，場所を飾るためにつくるものを接着したり，つくったものを糸と釘でぶら下げたりするなど，自分なりに活動を広げることができる。

　後者は，経験した材料や用具やこれまで身に付けた技能をまとめて生かし，表現しようとするものに使っていくことである。題材で扱う材料や用具の選択や表現方法の組合せを児童が自己決定できるようにするなどが考えられる。

○**絵や立体，工作に表す活動**（下線は筆者による）

	指導事項	〔第1学年及び第2学年〕	〔第3学年及び第4学年〕	〔第5学年及び第6学年〕
(1)	表現の活動を通して，発想や構想に関する次の事項を身に付けることができるよう指導する。	イ　絵や立体，工作に表す活動を通して，感じたこと，想像したことから，表したいことを見付けることや，好きな形や色を選んだり，いろ	イ　絵や立体，工作に表す活動を通して，感じたこと，想像したこと，見たことから，表したいことを見付けることや，表したいことや用途など	イ　絵や立体，工作に表す活動を通して，感じたこと，想像したこと，見たこと，伝え合いたいことから，表したいことを見付けることや，形や

		いろな形や色を考えたりしながら，どのように表すかについて考えること。	を考え，形や色，材料などを生かしながら，どのように表すかについて考えること。	色，材料の特徴，構成の美しさなどの感じ，用途などを考えながら，どのように主題を表すかについて考えること。
(2)	表現の活動を通して，技能に関する次の事項を身に付けることができるよう指導する。	イ　絵や立体，工作に表す活動を通して，身近で扱いやすい材料や用具に十分に慣れるとともに，手や体全体の感覚などを働かせ，表したいことを基に表し方を工夫して表すこと。	イ　絵や立体，工作に表す活動を通して，材料や用具を適切に扱うとともに，前学年までの材料や用具についての経験を生かし，手や体全体を十分に働かせ，表したいことに合わせて表し方を工夫して表すこと。	イ　絵や立体，工作に表す活動を通して，表現方法に応じて材料や用具を活用するとともに，前学年までの材料や用具などについての経験や技能を総合的に生かしたり，表現に適した方法などを組み合わせたりするなどして，表したいことに合わせて表し方を工夫して表すこと。

　(1)イは発想や構想に関する事項であり，「表したいことを見付けること」や「どのように主題を表すかについて考えること」の資質・能力を発揮させることにより，これらを身に付けさせるものである。何をどのように表すかを決めるのは学習主体者である児童である。

　技能に関する事項(2)イにも，「表現方法に応じて」材料や用具を「活用する」，「表したいことに合わせて」経験や技能を「総合的に生かしたり」表現に適した方法などを「組み合わせたり」して表し方を工夫することと示され，表現方法や表し方の工夫を決めるのは，思いや願いをもった児童である。

　絵や立体，工作に表す活動や高学年に限ったことではないが，高学年の目標(3)には，「主体的に表現したり鑑賞したりする活動に取り組み」と明確に「主体的」が使われている。やるべきことを児童自身が決め，自分の責任において自ら進んでやるということである。児童一

人一人が自分の個性を生かしながら資質・能力を十分に働かせるために，表現や鑑賞を幅広く捉え，児童が経験したことを基に，自分に適した表現方法や材料，用具などを選ぶことができるように配慮することが大切である。

　高学年の絵や立体，工作に表す活動における表したい自分のイメージの基として，「感じたこと，想像したこと，見たこと，伝え合いたいこと」が示されている。これは，体験したことから感じたことや関心のあることから想像したこと，児童が見たり触れたりして捉えたこと，自分の思いを伝えたり身の回りを楽しくするものなどが考えられる。例えば，自分たちが住む町の風景を絵に表す題材について，校舎の窓から見える風景を写真のようにかかせるのではなく，地域の中で自分にとって思い出や思い入れがあるなどとっておきの場所を決めて絵に表すとし，改めていろいろな場所を見つめ直す期間を保障する方法がある。日没まで友人と野球をして遊んだ公園，スポーツで疲れた帰り道に夕日を眺めた団地の階段，短い橋が幾つも並んで見える用水路のある裏道，大好きな我が家の子犬と初めて出会った神社など，自分だけがもつ我が町とのつながりを再確認した児童は，その場所に対する自分の思いを一番表せそうな画面構成を考え，描画材を組み合わせながら丁寧に製作に向かうであろう。公園を写生するのではなく，野球をしている自分たちの姿を想像して描いてもよいだろうし，自分の記憶で重要なものを強調したり重要でないものを敢えて省略したりしてもよいだろう。児童一人一人の思いが生かされる指導の工夫をすることが重要である。

　「形や色，材料の特徴，構成の美しさなどの感じ，用途などを考えながら，どのように主題を表すかについて考えること」については，児童一人一人がこれまでの経験を十分に生かすことができるようにすることが大切である。工作に表す活動では，よくアイデアスケッチをかかせることがあるが，実際の活動では，材料や用具を使いながら表

したいことが変わっていくことも多々あることを踏まえ，児童がつくり，つくりかえ，つくる過程を大切にする必要がある。教師がアイデアスケッチに固執し完璧にかかせようとせず，その段階のアイデアのメモとして製作や指導に生かせればよいのである。中にはじっと考えているような児童もいるので，児童の様子に目を向け，考えているのか行き詰まっているのかを捉え，声かけが必要かを判断することが重要である。

　また，「表現方法に応じて材料や用具を活用」したり「経験や技能を総合的に生か」したりすることについては，表現方法と材料や用具の特徴を児童自身が照らし合わせて用いるようにする必要がある。例えば，5年生が卒業生のために卒業式で着ける胸花をつくって贈る題材があるとする。卒業生の門出のために，贈る相手にふさわしいデザインを，好みの色などを聞き取るなどして考え，適切な材料や用具を選び抜いてつくることとなる。これまでの経験を生かしたり初めての材料に挑戦したりするなど，児童が自分や教師が準備した多様な材料や用具の中から選び，納得がいくまで何度も試しながら進めることができるようにするとともに，導入から完成し卒業生に渡すまでの日程を児童に示して見通しをもたせ，計画的に進められるようにすることも大切である。

B 鑑 賞

指導事項	〔第1学年及び第2学年〕	〔第3学年及び第4学年〕	〔第5学年及び第6学年〕
(1) 鑑賞の活動を通して，次の事項を身に付けることができるよう指導する。	ア 身の回りの作品などを鑑賞する活動を通して，自分たちの作品や身近な材料などの造形的な面白さや楽しさ，表したいこと，表し方などについて，感じ取ったり考えたりし，自分の見方や感じ方を広げること。	ア 身近にある作品などを鑑賞する活動を通して，自分たちの作品や身近な美術作品，製作の過程などの造形的なよさや面白さ，表したいこと，いろいろな表し方などについて，感じ取ったり考えたりし，自分の見方や感じ方を広げること。	ア 親しみのある作品などを鑑賞する活動を通して，自分たちの作品，我が国や諸外国の親しみのある美術作品，生活の中の造形などの造形的なよさや美しさ，表現の意図や特徴，表し方の変化などについて，感じ取ったり考えたりし，自分の見方や感じ方を深めること。

(下線は筆者による)

(1)アは鑑賞の活動を通して身に付ける事項であり，「自分の見方や感じ方を深めること」の資質・能力を発揮させることにより，これらを身に付けさせるものである。

「第3　指導計画の作成と内容の取扱い」の1で，

> (2) 第2の各学年の内容の「A表現」及び「B鑑賞」の指導については相互の関連を図るようにすること。ただし，「B鑑賞」の指導については，指導の効果を高めるため必要がある場合には，児童や学校の実態に応じて，独立して行うようにすること。

と示されているとおり，表現と鑑賞とを相互に関連付けて指導の充実を図るようにすることが原則である。表現と鑑賞は本来一体であり，相互に関連して働き合うことで児童の資質・能力を育成することができるからである。一つの題材において，造形活動と鑑賞活動とが往還

するような学習過程を設定し，児童が表現したことを自身で味わったり，友人と交流したりすることにより，表現が深まったり広がったりするように配慮することが大切である。鑑賞の場面においても，味わったことを試したり，表現に生かしたりすることができるような学習過程を設定することが考えられる。これは，児童が，発想や構想をしたり技能を働かせたりしているときに，友人の作品や製作の過程，身近な材料などから，自分の見方や感じ方を深めたり，新たな発想や構想，技能の手がかりを得たりすることがある。このような児童が自然に行う鑑賞を大切にするとともに，表現しているときに意図的に設定した鑑賞の時間や，完成した作品を見合うなど独立して設定した鑑賞の時間に，新たな発想や構想，技能の手がかりを得ることもある。このように，自分や友人の作品を鑑賞する場合は，対象が自身に近い存在であるかのように抵抗なく，自分が表した形や色，表現方法と結び付けながら対象と向き合うことが能動的に行われやすい。一方，美術作品を鑑賞する活動では，未知の世界を探るように見たり考えたりする傾向があることを踏まえた上で，出会わせる作品や時期を工夫して指導計画を練る必要がある。例えば，児童がこれから製作する題材に関連のある美術作品を事前に鑑賞するなどが考えられる。

　なお，発想や構想，及び製作の過程で一律に形式的な相互に鑑賞する時間を設けるなどすることは，児童の思考を断絶させ造形活動の広がりや表現の意欲の高まりを妨げることもあるので留意し，活動の進捗状況を把握した上で鑑賞の効果が得られる適切なときに設けるようにする必要がある。

　鑑賞の対象として，「生活の中の造形」があるが，これは児童が身の回りにある形や色，造形などに目を向けられるように，新たに示したものである。例えば，食器，家具，衣服，用具，パッケージ，ポスター，伝統的な工芸品，建物など，児童を取り巻く生活の中にある様々な造形，さらにはそれらがつくりだされる過程が考えられる。ほ

かにも，タイルやブロックを並べた壁や塀の様子や規則的に幾つも並んで立っているポール，建物の窓の配置など身の回りに見られる美しいものや面白いものを写真に撮って見合う活動も考えられる。生活の中で見られる様々な美術の働き，我が国や諸外国と自分との文化的つながりに気付き，中学校以降の美術科や生涯の美術との関わりにもつながる対象と言える。しかし，小学校では生活の中の造形を対象とした実践は少なく，題材の開発が望まれるところである。図書室の絵本からお気に入りの絵を紹介し合うことも考えられる。

「感じ取ったり考えたりし」とは，自分なりに作品などの対象を味わったり，改めて検討したりすることであり，「造形的なよさや美しさ」について，自分らしい見方や考え方ができるよう配慮が必要であるが，特に我が国や諸外国の親しみのある美術作品を鑑賞する際には多くの人々が共有している美しさの感覚を考え理解できるような指導を大切にしたい。

鑑賞の指導では，言語活動を充実させることが重要である。その際，特定の話型や形式に固執せず，例えば，一人一人が対象とじっくり自分らしく向き合う時間を保障したり，友人と作品の魅かれた点や気になった点について自由に交流する場面を設けたりするなどして，自分の感じ方を再確認したり新たな見方に気付いたりできるようにするなど配慮したい。少人数で交流するか全体で話し合うか，またはギャラリートークのように自由に交流させるか，適切な人数や交流場面のもち方を授業のねらいや実態に合わせて考えることが重要である。

一方，美術作品から考えたことを言葉にしてまとめるように計画しても，感じたことをうまく言葉にできない，文章で書くのが苦手などの児童の実態があり，その配慮として形容詞など鑑賞用の「言葉集」のようなヒントカードを準備して与える工夫を見たことがある。しかし，うまく言葉にできない児童ほど，言葉集から言葉を選ぶことに気

をとられ，自分らしい見方や感じ方で捉えたことを言葉にするよりも言葉集に載っている自分でも使いやすそうな言葉に寄せて無理やり文にする傾向が見られる。これもまた，交流する前に個人の思いを文章に書くという形式に教師が嵌っていると言える。図画工作に限らず日々の活動の中で，児童自身が発したり学習で出合ったりした，思いをうまく表す言葉を，児童と確認しながら掲示するなどして少しずつ増やしていく指導計画が考えられる。

　高学年の視点として「表現の意図や特徴，表し方の変化など」がある。例えば，A表現の絵や立体，工作に表す活動の項で例示した，自分たちが住む町の風景を絵に表す題材に関連付けて，モネや牧谿，ゴッホ，レッド・グルームスなどの画家の作品を鑑賞する時間を設け，実際の場所の写真と比較する活動を取り入れてみる。すると，作品と写真の違いに気付き，児童は作品のよさや美しさと「作者が表したかったのは何か」「それをどのように表しているか」という視点で向き合うようになる。また，写真のようにかくのではなく，作者の心のフィルターを通して表したかったことに合わせて強調や省略，構図の工夫などをすることのすばらしさを児童は味わう機会となる。児童は「作者の意図や特徴」「表し方の変化」を，形や色などとともに，表現や鑑賞の視点としてもつことにつながる。このような手立ては，自分たちの作品を鑑賞し合う場面でもできる。

〔共通事項〕

指導事項	〔第1学年及び第2学年〕	〔第3学年及び第4学年〕	〔第5学年及び第6学年〕
(1)「A表現」及び「B鑑賞」の指導を通して，次の事項を身に付けることができるよう指導する。	ア 自分の感覚や行為を通して，形や色などに<u>気付くこと</u>。	ア 自分の感覚や行為を通して，形や色などの<u>感じが分かること</u>。	ア 自分の感覚や行為を通して，形や色などの<u>造形的な特徴を理解すること</u>。
	イ <u>形や色などを基に</u>，自分のイメージをもつこと。	イ <u>形や色などの感じを基に</u>，自分のイメージをもつこと。	イ <u>形や色などの造形的な特徴を基に</u>，自分のイメージをもつこと。

（下線は筆者による）

〔共通事項〕は，表現及び鑑賞の活動の中で，共通に必要となる資質・能力であり，造形活動や鑑賞活動を豊かにするための指導事項である。

アの事項は，形や色などに関する事項であり，「A表現」及び「B鑑賞」の指導を通して育成する「知識」として整理して示されている。

イの事項は，自分のイメージに関する事項であり，「A表現」及び「B鑑賞」の指導を通して育成する「思考力，判断力，表現力等」として整理して示されている。

形や色などの造形的な特徴を理解するとは，動き，奥行き，バランス，色の鮮やかさなどを理解することである。「知識」といっても，形や色の名前を覚えるような知識のみを示すのではなく，奥行きとして遠近法の表し方などを教え込むものでもない。児童一人一人が，自分の感覚や行為を通して理解するものであり，後々の題材や生活場面で活用できる「知識」として習得・更新されるものである。

指導に当たっては，児童が体験的に対象の形や色などの造形的な特徴を理解するようにすることが大切である。授業においては，児童が対象と直接関わる，形や色などの造形的な特徴を捉えやすいような場

所で活動する，材料を比べられるようにしておくなど学習環境や学習活動を工夫し設定することが考えられる。例えば，材料から発想する造形遊びを存分に活動できるような広い場所を設定したり，工作に表す題材で材料が豊富にストックしてある場所で活動したり，教室に多様な材料や描画材を並べて整頓しておく材料コーナーを設けたりするなどが考えられる。

　自分のイメージをもつとは，自分が捉えた動き，奥行き，バランス，色の鮮やかさなどの，形や色などの造形的な特徴を基にイメージをもつことである。指導に当たっては，児童自身が自分の心に浮かんだイメージを具体化するような手立てが大切である。表現活動では，自分の表現で大切にしている主題は何か，それはどんな形や色などによるものかなどについて簡単な絵でかきとめたり，友人と話したりすることが考えられる。鑑賞活動では，作品から得た自分の印象や情景，全体的な感じなどを，形や色などの造形的な特徴から説明したり，友人と話し合う際の根拠として用いたりすることも考えられる。授業においては，活動のポイントとして形や色など造形的な特徴を示し，表現及び鑑賞の活動で，児童が常に〔共通事項〕を意識して活動できるようにするなどが考えられる。

　〔共通事項〕のアとイは関わり合うもので，児童は材料に触れることによって，その形の感じや質感を捉えたり，材料を見つめながら色の変化に気付いたりすると同時に，対象や自分の行為などに対して，自分なりのイメージをもっている。〔共通事項〕のアから引き続いてイが発揮されたり，イを基に形や色などに気付いたりする。逆にアだけ，イだけを取り出して指導することがないようにする必要がある。

第3節 資質・能力ベースでの図画工作科の評価の在り方

1 学習評価の役割

　学習評価については，児童の「生きる力」をより具現化し，教育課程全体を通して育成を目指す資質・能力を育むため，学習指導要領に示す目標に照らしてその実現状況をみる評価を着実に実施することで，児童一人一人の状況や教科の目標の実現状況を把握し，学習指導の改善に生かすことが重要である。

　また，学習指導要領に示す内容が確実に身に付いたかどうかの評価を行うことも重要である。

2 図画工作科の評価は難しいのか？

　現場の先生の「図画工作の評価は難しい」という悩みをよく耳にする。「出来上がった作品をどう評価すればよいのか分からない」「造形遊びでは，それぞれの児童が多様な活動を繰り広げており，その全てを見取り，評価していくことができない」などである。

　子供たちは図工の時間が大好きである。今日はどんなことをするのだろうか？　前の時間にうまくいかなかったあの部分を，今日はこんな方法で試してみよう，そんな思いで図工室にやってくる。だからこそ図画工作の評価は，その思いを受け止め，その子のよさを発見し，認めていくことを大切にしたい。「子供のよいところを発見していく」という視点で評価に臨むことで，よさを引き出す言葉がけや授業づく

りにつなげていくことができるのである。
　では，具体的にどんな観点で児童のよさを評価していくのかについて，以下に述べていく。

3　資質・能力で整理された新学習指導要領

　新学習指導要領においては，「生きる力」を子供たちに育むために「何のために学ぶのか」という各教科等を学ぶ意義を共有しながら，授業の創意工夫や教科書等の教材の改善を引き出していくことができるようにするため，全ての教科の目標及び内容を
　①　「知識及び技能」（何を理解しているか，何ができるか）
　②　「思考力，判断力，表現力等」（理解していること・できることをどう使うか）
　③　「学びに向かう力，人間性等」（どのように社会・世界と関わり，よりよい人生を送るか）
の資質・能力の三つの柱で再整理して示している。
　したがって，評価についても「知識・技能」「思考・判断・表現」「主体的に学習に取り組む態度」の三つの観点を基本に，観点別学習状況に評価を行うことになる。
　ただし，「学びに向かう力，人間性等」に示された資質・能力は，感性や情操など，観点別学習状況の評価になじまないものもあるため，評価の観点としては，学校教育法に示されている「主体的に学習に取り組む態度」として設定されている。また，目標の実現に当たっては，それぞれを相互に関連させながら資質・能力の育成を図る必要がある。必ずしも，別々に分けて育成したり，「知識及び技能」を習得してから「思考力，判断力，表現力等」を身に付けるといった順序性をもって育成したりするものではないことに留意する必要がある。評価に関してもこの3観点については順序性があるものではないこと

に留意する必要がある。

　知識・技能については，知識及び技能の習得と思考力，判断力，表現力等との育成のバランスを重視する平成20（2008）年改訂の学習指導要領の枠組みや教育内容を維持した上で，知識の質をさらに高め，確かな学力を育成する必要がある。図画工作科においては，単に形や色の名前が分かる，あるいは知っているというものだけではなく，それらが相互に関連付けられ，社会の中で生きて働く知識となることを大事にしていきたい。形や色などの感じが分かれば，自分が表現したり鑑賞したりするときも「形や色などの感じ」を視点に活動することができるし，学校や他教科の場面でもそれを活用することができる。また，家庭や地域においても，例えば学校の行き帰り，テレビを見るときなどもそれが活用できる。

　造形遊びで自分の好きな色の身近な材料を自由に並べる活動を通して，色の濃淡のよさに気付いた児童が，次に自分が絵をかくときに空の色を少しずつ変えてみる，社会科の学習でグラデーションの効果に注目して資料を読み取る，地域のスーパーで商品紹介や陳列に，色の効果を利用していることに気付くなどの姿が考えられる。

4 評価の具体

A　表　現
① 表現における「思考力，判断力，表現力等」の評価

> (1) 表現の活動を通して，発想や構想に関する次の事項を身に付けることができるよう指導する。
>   ア 造形遊びをする活動を通して育成する「思考力，判断力，表現力等」
>   イ 絵や立体，工作に表す活動を通して育成する「思考力，判断力，表現力等」

(1)ア　造形遊びをする活動を通して育成する「思考力，判断力，表現力等」の評価について

〔第1学年及び第2学年〕	〔第3学年及び第4学年〕	〔第5学年及び第6学年〕
身近な自然物や人工の材料の形や色などを基に	身近な材料や場所などを基に	材料や場所，空間などの特徴を基に
造形的な活動を思い付いているか―①		
感覚や気持ちを生かしながら	新しい形や色などを思い付きながら	構成したり周囲の様子を考え合わせたりしながら
どのように活動するかについて考えているか―②		

※①と②の二つの視点から評価していく。

例えば，視点①について高学年の造形遊び「白の世界」では，広々としていて，風通しがよいこと，天井までの高さを生かして活動できそうであることなどのウッドデッキという場所の特徴から，児童は「布やビ

ニールシートを使って風に揺れる感じにしてみたい」などと材料の特徴も考え合わせて発想や構想していく。

児童が進んで材料を集める姿を見取ったり，活動の前後を振り返る言語活動を設定したりすることで，評価していくことが大切である。

視点②については，布を広げて光をかざすことで気付いた布の美しさを生かして，ウッドデッキのより光の当たる場所に布を吊るしてみることを思い付いているなど，材料や場所に関わる中から気付き，その実感を基に活動を考えている姿を評価していくことになる。

視点①と②については，それぞれ別々に発揮されるものではなく，活動の中で行き来しながら互いに関わり合って発揮されていることにも留意して評価していく。

(1)イ　絵や立体，工作に表す活動を通して育成する「思考力，判断力，表現力等」の評価について

〔第1学年及び第2学年〕	〔第3学年及び第4学年〕	〔第5学年及び第6学年〕
感じたこと，想像したことから	感じたこと，想像したこと，見たことから	感じたこと，想像したこと，見たこと，伝え合いたいことから
表したいことを見付けているか―①		
好きな形や色を選んだり，いろいろな形や色を考えたりしながら	表したいことや用途などを考え，形や色，材料などを生かしながら	形や色，材料の特徴，構成の美しさなどの感じ，用途などを考えながら
どのように表すかについて考えているか―②		どのように主題を表すかについて考えているか―②

※①と②の二つの視点から評価していく。

例えば，視点①について，中学年の絵や立体に表す活動「ふしぎな百日草」では，児童が理科の時間に育て，観察している百日草を基

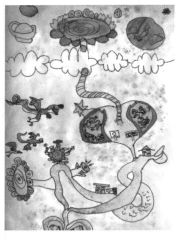

に,「こんな花が咲いたら楽しいな,不思議でしょう！！」という自分だけの百日草を楽しく想像して,表したいことを見付けているかを評価する。「花は雲の上まで伸びていくようにしたい」「遊び場がいっぱいある花の遊園地みたいにしたい」等,児童が自由に話し合う様子や,簡単な構想カードなどからその子の思いを認め,評価していくようにする。

　視点②については,児童は「花の遊園地」を表そうとする中で,偶然できた線の感じから線路で茎と茎をつなぐことを思い付いたり,色によって場面の違いを表すことを思い付いたりするなど,形や色などからさらに表したいことを膨らませていく。教師の「緑の世界は雨降りでも楽しそうだね」という共感的な声掛けで,もっと色に合った世界を表してみたいというイメージを明確にすることもある。児童の発想を引き出す指導と評価を効果的に行っていくことが大切である。

　また,評価に当たっては,A表現(1)ア及びイにおいて育成する「思考力,判断力,表現力等」にはそれぞれ特徴があることを踏まえ,両方の活動で発揮されている資質・能力を評価していかなければならない。

② 表現における「技能」の評価

> (2) 表現の活動を通して，技能に関する次の事項を身に付けることができるよう指導する。
> 　ア　造形遊びをする活動を通して育成する「技能」
> 　イ　絵や立体，工作に表す活動を通して育成する「技能」

(2)ア　造形遊びをする活動を通して育成する「技能」の評価について

〔第1学年及び第2学年〕	〔第3学年及び第4学年〕	〔第5学年及び第6学年〕
身近で扱いやすい材料や用具に十分慣れること	材料や用具を適切に扱うこと	活動に応じて材料や用具を活用すること
ができているか—①		
並べたり，つないだり，積んだりするなど手や体全体の感覚などを働かせ，	前学年までの材料や用具についての経験を生かし，組み合わせたり，切ってつないだり，形を変えたりするなどして，手や体全体を十分に働かせ，	前学年までの材料や用具についての経験や技能を総合的に生かしたり，方法などを組み合わせたりするなどして，
活動を工夫してつくっているか—②		

※①と②の二つの視点から評価していく。

　視点①について，低学年の造形遊びをする活動「新聞紙でつつもう」では，低学年の児童にとって身近で扱いやすい新聞紙を，その特性を生かして折り曲げたり（または折り込んだり），丸めたり，もっと大きな材料とするためにテープやのりでつないだりする姿が見られる。「もっときれいにつなげたい」「隙間のないように包みたい」と活動を工夫して創造的につくることで身に付くものであるという視点をもって評価し

ていくことが大切である。

　視点②については，手や体全体の感覚を働かせて，紙を破くことでその感触を楽しんでいる姿，本や箱状の物を包む活動から机やバケツなどより大きく，凹凸のある物の包み方を工夫している姿など，児童の多様な試みを受け止め，その試みを価値付けしながら評価していくようにしたい。

(2)イ　絵や立体，工作に表す活動を通して育成する「技能」の評価について

〔第1学年及び第2学年〕	〔第3学年及び第4学年〕	〔第5学年及び第6学年〕
身近で扱いやすい材料や用具に十分慣れること	材料や用具を適切に扱うこと	表現方法に応じて材料や用具を活用すること
ができているか―①		
手や体全体の感覚などを働かせ，	前学年までの材料や用具についての経験を生かし，手や体全体を十分に働かせ，	前学年までの材料や用具などについての経験や技能を総合的に生かしたり，表現に適した方法などを組み合わせたりするなどして，
表したいことを基に表し方を工夫して表しているか―②	表したいことに合わせて表し方を工夫して表しているか―②	

※①と②の二つの視点から評価していく。

　視点①について，中学年の立体に表す「光の城」という題材では，自分の表したいことに合わせて，粘土や芯材，粘土ベラなどを適切に

扱うことができているかを評価する。「細かい模様をつけたいから，割り箸の先を使うといい」「背の高いお城にしたいから，それに合った芯材を選ぼう」など，児童が自分の表したいことに合わせて用具や材料を選び，使って

いるかを評価するようにしたい。

視点②については，児童が自分の表したいことに合わせて，こねる，つまむ，ひねり出す，穴をあけるなど手を十分に働かせている姿が見られる。また，児童が想像したことから表現を始めたとしても，手や用具を使って粘土の形を変えることから表したいことが変化したり，広がったりすることもある。前学年までにどのような材料や用具を経験しているのか，または造形遊びでどのような材料や用具の経験をし

ているのかなどを踏まえ，児童が自分の経験を生かすことができる場を設定し，発揮される技能について認め，評価していくことが大切である。評価に当たっては，A表現(2)ア及びイにおいて育成する「技能」にはそれぞれ特徴があることを踏まえ，両方の活動で発揮されている資質・能力を評価していかなければならない。

視点①と②については，それぞれ別々に発揮されるものではなく，活動の中で行き来しながら互いに関わり合って発揮されていることにも留意して評価していく。

B　鑑　賞
○鑑賞における「思考力，判断力，表現力等」の評価

(1)　鑑賞の活動を通して，次の事項を身に付けることができるよう指導する。
　ア　鑑賞する活動を通して育成する「思考力，判断力，表現力等」

「B鑑賞」では，身の回りの作品等や自分たちの作品，身近な美術

品，生活の中の造形を，見たり触ったりこれらについて話したりすることで自分の見方や感じ方を深める児童の姿を評価していく。

　例えば，高学年では児童が自ら鑑賞の対象を選んだり，写真やアニメーションを活用したりするなど様々な方法が考えられる。また，自分たちの表現の意図が伝わるような展示の仕方を工夫するなど，よさや美しさ，表現の意図等を「自ら」感じ取り味わうようにさせたい。工芸品などを実際に使ってそのよさや美しさを確かめたり，置き場所を考えたりするなど，児童一人一人が実感的に「思考力，判断力，表現力等」を働かせることができるような「対象と一体となって鑑賞する」姿を評価していくことになる。

　また，「Ａ表現」及び「Ｂ鑑賞」相互の関連を図るようにする必要がある。発想や構想をしたり技能を働かせたりしているときに，友人の作品や身近な作品などから自分の見方や感じ方を深めたり，新たな発想や構想を思い付いたり，技能の手がかりを得たりすることがある。材料や表現方法などの視点をもって活動や作品を見合う場面などで発揮される資質・能力を評価していくことも大切である。

〔共通事項〕

(1)　「Ａ表現」及び「Ｂ鑑賞」の指導を通して，次の事項を身に付けることができるよう指導する。
　　ア　「Ａ表現」及び「Ｂ鑑賞」の指導を通して育成する「知識」
　　イ　「Ａ表現」及び「Ｂ鑑賞」の指導を通して育成する「思考力，判断力，表現力等」

　〔共通事項〕は，表現及び鑑賞の中で，共通に必要となる資質・能力であり，その内容は，自分の感覚や行為を通して形や色など造形的な特徴を理解する「知識」の育成に関するものと，様々な対象や事象について自分なりのイメージをもつ「思考力，判断力，表現力等」の

育成に関するものである。

〔共通事項〕は,「A表現」と「B鑑賞」の2領域及びその項目,事項の全てに共通しており,同時に「知識及び技能」「思考力,判断力,表現力等」に共通して必要となるという意味でもある。

「A表現」及び「B鑑賞」の指導においては,この〔共通事項〕がどのような場面にも含まれている事項として捉え,評価していく。

① 〔共通事項〕における「知識」の評価

〔共通事項〕(1)のアは,児童が自分の感覚や行為を通して形や色など理解することを「知識」として示している。

例えば,3・4年生の〔共通事項〕のアに「自分の感覚や行為を通して,形や色などの感じが分かること」とある。4年生の「○○色の世界」では,児童は身近な材料を集め,それを並べたり置き方を考えたりしながら,材質による色の違い,オレンジ色や,その同系色から受ける「楽しい感じ」などが分かる。自分の感覚や行為を通して形や色などの感じが分かると,発想や構想の中で「オレンジや黄色を使って表してみよう」「オレンジとこの色を組み合わせたらどんな感じになるだろう」などと,形や色などの感じに着目して活動するようになる。

「明るくて,パッと周りに広がる感じ」が表せるような色を自分で絵の具の混ぜ方を工夫してみたり,材料の並べ方や,筆遣いを工夫してみたりするなど,「技能」を働かせるときも,形や色などの感じに着目して活動してい

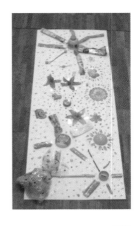

る。このように「知識」を活用して「思考力，判断力，表現力等」や「技能」を働かせている姿と捉え，評価していくことになる。

② 〔共通事項〕における「思考力，判断力，表現力等」の評価

〔共通事項〕の(1)のイは，児童が自分のイメージをもつことを「思考力，判断力，表現力等」として示しており，〔共通事項〕(1)のアと同じように「A表現」及び「B鑑賞」の指導において評価していく。

〔共通事項〕のアとイの事項については，示している内容が一体的であったり，相互に行き来しながら明らかになったりする性質をもつことに十分配慮し，児童がアとイの関連に気付くことができているかを評価していくことが大切である。

5　授業改善の視点としての評価

今回の改訂では，「指導計画の作成と内容の取扱い」において，「主体的・対話的で深い学び」の実現に向けた授業改善を進めることを示している。指導者は，学習評価を通じて，学習指導の在り方を見直すことや個に応じた指導の充実を図ること，さらに，学校における教育活動を組織として改善していくことが求められる。

(1) 年間指導計画

教科の目標が，児童の発達の特性などを考慮して，2学年ごとまとめて示されていること，児童の造形的な資質・能力は一つの題材や単元のみで評価できるものではないことを考えて，年間指導計画を作成していく必要がある。

振り返る場面をどこに設定し，どのような方法で評価するのか，グループなどで対話する場面をどこに設定し，どう評価するのか，「主体的・対話的で深い学び」の実現に向けた授業改善を単元や題材など内容や時間のまとまりを見通して行っていきたい。

また，この題材で身に付けた資質・能力が他の単元や，他教科の学

習の中で発揮されているかを評価できるように，年間指導計画を作成していくことが大切である。

(2) 教材研究

学習評価を通じて，指導する学級の子供たち，または一人一人の児童にどんな指導が必要なのかが具体的に見えてくる。例えば，3年生の絵や立体に表す活動で，表したいことをなかなか見付けられない場合，前の学年までの経験や他教科での体験を生かすことができるようにする，材料や用具を試しながら，表現への思いをもつことができるようにするなど様々な手立てが考えられる。他の題材や単元でも「表したいことを見付ける」ための指導の工夫をしていく必要がある。

造形遊びの活動での材料や用具の経験，各学年の特性に応じた学習形態や学習の場などについても，児童の実態や学校の特性を生かし，評価と指導の一体化を図っていきたい。

(3) 授業の記録

図画工作の授業においては，一人一人の児童が多様な活動を行っており，授業の同じ時間帯であっても発揮されている資質・能力がそれぞれ違う場合も多い。その単元や授業の中で，どのような資質・能力を育成するかの見通しを教師が明確にもち，ねらいに沿って評価していくことが大切である。また，写真やVTRなどを活用し，子供同士の関わりの様子や，表現の中でのその子の思考の移り変わりなどを見取ることも有効である。単元や授業の中で身に付けた資質・能力が他の題材（または，他教科）でどのように発揮されているのかという視点で，授業改善に生かしていくことも重要である。

(4) チーム・ティーチングによる授業づくりと評価

多様な造形活動の場では，使用する材料や用具の安全な扱い方の指導や，活動場所についての事前の点検など事故防止に留意する必要がある。T・Tによる授業づくりや指導は，児童に対するきめ細かい手立てや，安全面での配慮や支援に加え，子供の学びの様子をより丁寧

に評価するという点でも有効である。指導や評価の視点を共有し，役割を分担したり，子供の活動の様子，学びの様子を情報交換したりしながら授業づくりや評価に生かしていきたい。

第3章

学習指導要領が目指す新しい
図画工作科の授業

第1節 造形遊び

1　第1学年・第2学年

(1)　題材名
「つんでならべて竹ワールド！」

(2)　題材の目標
竹を楽しくつんだり並べたりして，できた形からイメージをもって造形的な活動を思い付き，活動を工夫してつくる。

(3)　題材観
低学年では，進んで材料などに働きかけ，思いのままに発想や構想を繰り返す児童の姿が見られる。また，材料を手に取ると自然につんだり並べたり体全体で関わりながら工夫する姿も見られる。本題材では，このような児童の発達の特性を踏まえ，様々な形状の竹と関わることをきっかけとして楽しく活動をつくっていく。

本題材では広くオープンな多目的スペースを活動場所とした。児童が十分に材料と関わりながら活動を広げていくことができ，障害物などもなく安全に活動ができる。材料は，輪切りにした孟宗竹，長めに切った姫竹を用いた。孟宗竹は根元と先端で太さがちがうため，輪切り

にすることで様々な形状のものができる。姫竹は細く児童にも扱いやすい。本実践では，これらの竹は地域の方から譲って頂いている。あらかじめ教師が加工する必要があり多少の労力が必要だが，保存性がよく，一度準備すれば繰り返し使うことができる。また，竹は自然の色や形で感触も心地よく，児童が体全体を使って楽しみながら活動することができるだろう。

　指導に当たっては，児童が竹を手にして始めた行為や活動を資質・能力の視点で捉え，一人一人の思いや考えに共感的に寄り添って表現を励ますようにしていきたい。また，活動に停滞が見られるときは，新たな材料を提案するなどして，興味や関心が持続するよう指導を工夫していきたい。

(4) 題材の評価規準

○材料をつんだり並べたりするなどしながら変化する形の面白さに気付き，活動を工夫してつくることができる。　　〈知識及び技能〉
○竹の色や形などを基に造形的な活動を思い付き，感覚や気持ちを大事にしながら，どのように活動していくか考えることができる。
　　　　　　　　　　　　　　　　　　〈思考力，判断力，表現力〉
○竹の世界をつくる活動に進んで取り組み活動をつくることを楽しむ。　　　　　　　　　　　　　　　〈学びに向かう力，人間性等〉

(5) 題材計画（2時間扱い）

○主な学習活動	○教師の支援　□評価の観点
たくさんの竹でどんなことができるかな。ためしながらやりたいことをみつけていこう。	
○活動のめあてをつかみ，材料と出合い，気付いたことを話し合う。 ・わあ！　たくさんある。でも全部大きさや形がちがうね。 ・真ん中が開いていてわっかみたい。	○材料を実際に見て触る時間を取り，気付いたことを共有させる。 □活動に興味をもち，進んで材料の面白さを感じている。

・この竹はこっちから見たらハート型になってるよ。 ・細くて長い竹もあるんだね。 ・すべすべして気持ちいい！ ○材料に触れながら思い付いた活動をしていく。 ・並べてみよう。まっすぐ並べようかな，曲げてみようかな。 ・つんだらどうかな。大きいものから順につんでみよう。 ・細長い竹を立ててみたい。どうしたらいいかな。 ・半分に割れた竹を斜めにしたらすべり台みたいだよ。そうだ，ここをアスレチックにしよう！他にはどんな形の竹があるのかな。 ○さらに新しく思い付いたことを基に活動を広げていく。 ・並べていったら道みたいになったよ。ここに細い竹をつなげていきたいな。 ・見て見て！　細い竹に太い竹を組み合わせて，動くようにしたよ。 ・木を組み合わせたら，トンネルとアーチみたいになった。もっと面白い形にしていきたいね。 ・そっちとつなげてもいい？ ・周りをぐるっと囲んでみたくなったよ。そうしたら，大きな町を走る線路みたいになるかな。 ○自分たちの活動を振り返り，互いの表現のよさを伝え合う。 ・竹を立たせて，周りを囲んでみたよ。 ・高くてかっこいい形になったね。よく思い付いたね。 ・この竹が動くんだね！　すごいな。 ・いろんな形があって，楽しい感じになったね。	○一人一人が発想しながら活動する様子を見取り，言葉かけをして意欲をもたせる。 □材料をつんだり並べたりしながらイメージをもち，活動を思い付いている。 □手や体全体の感覚を働かせながら，感じたことを基に活動を工夫している。 ○児童が試みていることを認め，さらに工夫していけるよう声掛けをしていく。 ・次はどうなるのかな？ ・いいこと思い付いたね！ ○対象の面白さ，楽しさに気付いている姿を見取り，指導に生かす。 ・違う大きさを組み合わせたんだね。 ・こういう材料もあるよ。 ・どんなイメージなのかな。 □イメージを大切にしながらどのように活動をつくっていくか考えている。 ○表したことや表し方などについて，そのよさを互いに伝え合えるよう相互に見る時間を設定する。 □自分や友達がつくった活動のよさや面白さに気付いている。

(6) 資質・能力を発揮する子供の姿

　A児は竹を縦にしたり横にしたりしながらどんどん並べている。途中から曲げて並べ，内側にもう一列並べると，「道みたいになった」とつぶやいた。さらに「竹の町ができたよ。これはロープウェイ！」と，置き方を工夫して細い竹を空中に浮かせた。並べてできた形からイメージをもち，活動を広げていっている。

　B児はまず間隔を空けて輪切りの竹を置き，次に細い竹をつなぐように渡している。その後，細い竹に筒状になった竹を通して動かすことを楽しんでいた。行為を発展させながら活動をつくっている姿と言える。

　C児たちは，途中から補助的に出した木片も組み合わせて，協力して楽しい形をつくりだしていた。様々な大きさの竹から，イメージにぴったりくるものを選んで何度も試しながら取り組んでいた。

　D児は細い竹を立たせることを思い付き，どうしたら安定するか試行錯誤していた。やがて束ねた上部に輪切りの竹を差し込んで留めることを思い付いた。バランスに気を付けながら立たせることができ，満足感

を味わうことができた。

　E児は，様々な形状の竹を選び，組み合わせることを楽しんでいた。縦半分に割れた竹を斜めに配して「これはすべり台！」と名付けるなど，一つ一つの形に意味をもたせていた。「竹アスレチックになったよ！」と，周りの友達に話しかけ，表現のよさを共有することができた。

　それぞれの児童が思い思いに活動していく中で，やがて「つなげようよ！」と声を掛け合う姿が見られ始める。「全体をぐるっとつなぎたい」と言う児童も現れ，大きくダイナミックな活動になっていった。「まるで大きな町みたいになったね」という声も聞かれ，一体感と満足感をどの児童も感じることができた。

第1節　造形遊び

2　第3学年・第4学年

(1)　題材名
「新聞紙長〜く切って，それから…」

(2)　題材の目標
新聞紙や図工室の様子を基に造形的な活動を思い付き，様々に試しながら工夫して活動をつくる。

(3)　題材観
中学年は，友達と共に活動することを好み，交流し合いながら活動を思い付いたり，発展させたりする姿が見られる。また，手の働きも巧みさを増し，様々な表現方法に興味をもち，自分の活動に生かしていこうとする。場所の様子を利用して活動を工夫する姿も見られる。本題材では，このような児童の発達の特性を踏まえ，新聞紙を長く切ることをきっかけとして，場所の様子を生かした活動をつくっていく。

本題材では机やいすを片付けた図工室の広い空間を活動場所とした。材料は，主に新聞紙を用いる。新聞紙は身近な材料であり，準備に費用もかからない。大判で，児童が体全体で関わりダイナミックな活動をするのに向いている。細長く切った新聞紙は，それだけでは活動が発展しにくいが，つるしたりつなげたりする支持体があることで児童の発想が広がる。そこで，教室にロープを張れるようにし，教室にある机やいすも利用できるようにした。また，片付けの面も考慮して材料を選定し

115

ていく必要がある。接続のために，はがし易く壁を傷めることも少ないマスキングテープと，洗濯ばさみを用意した。

　指導に当たっては，細長く切った新聞の形や質感から活動を思い付けるよう，気付いたことや，何ができそうか話し合う場面を設け共有できるようにする。また，グループはあらかじめ設定するのではなく，材料と関わる中で生まれた気付きを基に，児童が自然に発想を交流できるようにしていく。また，造形遊びは，児童がつくり，つくりかえしながら活動を発展させていくため，児童が発想し技能を働かせていく過程を丁寧に見取り，表現を認め励ましていくようにしたい。

(4) 題材の評価規準

○手や体全体を十分に働かせて，新聞紙を切ったりつないだりなどしてその形や質感を感じ取り，気付いたことを基に活動を工夫してつくることができる。　　　　　　　　　　　〈知識及び技能〉

○新聞紙や場所に働きかけながらもったイメージなどを基に造形的な活動を思い付き，どのように活動していくか考えることができる。
　　　　　　　　　　　　　　　　　〈思考力，判断力，表現力等〉

○進んで材料や場所などに働きかけ，友達と表現のよさを伝え合い認め合いながら，活動をつくることを楽しむ。
　　　　　　　　　　　　　　　　　〈学びに向かう力，人間性等〉

(5) 題材計画（2時間扱い）

○主な学習活動	○教師の支援　□評価の観点
新聞紙を長〜く切って，それから…どんなことができるかな	
○活動のめあてをつかみ，新聞紙を長く切る。	○はさみの扱いについて，安全面の指導を行ってから，自由に切ることに取り

・途中で切れちゃった。長くつなげるのは難しいな。 ・同じ幅で切っていけばいいよ。 ・はさみを滑らせるようにするとすーっと切れた。 ・見て見て！ こんなに長くなったよ！ 〇長く切った新聞紙に触れて気付いたことや，どんなことができそうか話し合う。 ・ふわふわ，ひらひらしている。 ・結構切れやすいよ。 ・細長い形で，テープみたい。 ・まきつけられる。 ・こわれ物の中に入っているのと似ているね。 〇材料に触れながら思い付いた活動をしていく。 ・ロープにぶら下げてみよう。 ・机を箱みたいにして，その中に入れてみたらどうかな。 ・もっと長くつなげたいね。 ・あっちとつなげてみたらどうなるかな。 〇思い付いたことや工夫したことを交流しながらさらに活動を広げていく。 ・たくさんぶら下げたら，滝みたいだね。気持ちいい！ ・カーテンみたいになってきた。束ねてみたらどうかな。 ・そっちとつなげていい？ いっしょにやろうよ。 〇自分たちの活動を振り返り，互いの表現のよさを伝え合う。 ・ここに座ると，周りの新聞紙に囲まれて違う世界に来たみたいだよ。 ・長く切った新聞が色々なところにつながっているね。	組ませる。 ・刃を相手に向けない。 ・使わないときは床に置きっぱなしにしない。 ・反対の手を刃の先に置かない。 〇材料の変化した様子，できそうなことなど視点を明確にして話し合うようにする。 □材料のよさや面白さに気付き，どんなことをしてみたいか考えている。 〇一人一人が発想しながら活動する様子を見取り，言葉かけをして意欲をもたせる。 □材料に働きかけながら活動を思い付き，どうしたらよいか考えている。 □色々な方法を試しながら活動を工夫している。 〇児童が発揮している技能や，発想のよさを捉え，励ます声掛けをしていく。 ・次はどうなるのかな。 ・どんなイメージなのかな。 ・いいこと思い付いたね。 □材料や場所から思い付いたことを基に活動を広げている。 〇互いの表現のよさを伝え合い，認め合えるように声を掛けていく。 □自分や友達がつくった活動のよさや面白さに気付いている。

（6） 資質・能力を発揮する子供の姿

　A児は，どうやったら新聞紙が途切れず長くできるか考えながら，切ることに没頭している。ちょっとした力の入れ具合やはさみの動かし方，紙の幅など，様々な点を工夫し，長く紙が切れたことに満足感を得ていた。

　B児は長く切れた新聞紙を教室いっぱいに広げ，「こんなに長く切れたよ！」とうれしそうな様子である。この後，切った紙と触れ合って気付いたことを全体で共有した。ひらひらしている，やわらかい，まきつけられそう，もっと長くしたいなど，行為から材料のよさに気付いていた。

　その後B児たちは，壁のフックにロープを取り付けて渡し，新聞紙をかけ始める。ロープに均等になるようにぶら下げ，「滝みたいだね」「もっとぶら下げたらどうなるかな」など，話し合いながら活動を発展させていった。

C児たちは図工室の机を横に倒して箱のような形に組み合わせてから，中に長く切った新聞紙を入れ始めた。やがて，やわらかくふわふわとした感触から活動を思い付いた。「これは温泉なの。船の中にある動く温泉だよ」と自分のもったイメージを楽しそうに話していた。

　D児たちは，ロープを張ってからたくさんの新聞紙をぶら下げていった。始めは，「カーテンみたい」とイメージを話していた。そこから新聞紙を束ね，「こっちが過去，こっちが未来。これは時間を越えるカーテンなの」とイメージを広げていた。

　E児たちは他のグループが机を利用しているのを見て，自分たちもぶら下げた新聞紙の下に机やいすを持ってきた。ここに座ると，周りが新聞紙に囲まれて不思議な感じに見えるそうだ。遊びに来た友達に「タイムマシンみたいだね」と言われ，うれしそうに「それいいね」と答えていた。

3　第5学年・第6学年

(1)　題材名
「中庭変身作戦！〜白い材料で〜」

(2)　題材の目標
　半透明の材料や，場所や空間に進んで働きかけ，その特徴を生かし，よさや面白さ，美しさを見付けながら工夫して活動をつくる。

(3)　題材観
　高学年は，周りの人や周囲の環境などと関わりながら考え，材料だけではなく，場所，空間などへも意識を広げて活動できるようになってくる。また，これまでの経験や身に付けた技能を総合的に生かし，工夫して活動をつくる姿も見られる。本題材では，このような児童の発達の特性を踏まえ，白くて半透明の材料と関わることをきっかけとして，場所や空間を生かした活動をつくっていく。

　本題材では図工室前にある中庭を活動場所とした。中庭は校舎に挟

まれた空間で，樹木や小さな竹林などがある。材料は，主にプラ段ボール，ビニールシート，ＰＰテープを用いた。また，これら主材料をつなぐための補助材料として，荷造りロープ，結束バンド，養生テープを用意した。これらの材料はいずれも白く半透明で，児童が中庭に差す光と関わらせて活動することができる。また，庭にある樹木や設備の色も透けて見えるため，見慣れた中庭にこれまでと違った見え方を発見し，活動を発展させることにつなげていけるだろうと考えた。

指導に当たっては，材料の特徴を捉え活動に生かせるよう，材料や用具との出会いを工夫していく。また，思いに合わせて材料や用具を自由に選び取れるようなコーナーを設置し，コーナーを行き来する際に互いの活動が自然に目に入るようにする。また，見慣れた場所を新しい場所に変えるという視点をもたせ，その面白さを感じられるようにしていく。教師は，児童が材料の色や形，質感からどんなイメージをもったのか，場所とどのように関わらせて新たな価値を見付けていったかなどを見取り，一人一人の思いや考えに共感的に寄り添って表現を励ますようにしていきたい。

(4) 題材の評価規準

○これまでの経験を生かして材料をつないだり組み合わせたりなど方法を組み合わせながら活動を工夫してつくることができる。
〈知識及び技能〉
○半透明の材料や場所，空間に働きかけ造形的な特徴を理解するとともに，それを基に造形的な活動を思い付き，どのように活動していくか考えることができる。　　〈思考力，判断力，表現力等〉
○進んで半透明の材料や場所などに働きかけ，よさや面白さ，美しさを見付けながら活動をつくることを楽しむ。

〈学びに向かう力，人間性等〉

(5) 題材計画（2時間扱い）

○主な学習活動	○教師の支援　□評価の観点
材料や場所のよさを生かして，どんなことができるか考えながら，中庭を変身させよう。	
○活動のめあてをつかみ，材料について気が付いたことを話し合う。 ・色は白で，ちょっと透けてる感じ。光を通すよ。四角い形だね。 ・プラ段ボールはすべすべしていて曲げるとしなるよ。 ・ビニールシートは柔らかいな。	○材料を実際に見て触る時間を取り，気付いたことを発表させ，色，形，手触りの視点で整理していく。
○中庭の様子とも考え合わせて，どんなことができそうか話し合う。 ・プラ段ボールをつないで竹林を囲むようにしたらどうかな。 ・木をシートで包んでみたら？	○場所の特徴と材料をどのように関わらせていけそうか考えさせ，活動への意欲と見通しをもたせる。
○材料に触れながら思い付いた活動をしていく。 ・プラ段ボールを木にひもで結び付けて立ててみよう。 ・竹林をぐるっと囲んでみよう。 ・上の方は，軽いビニールシートの方がつけやすいかな。 ・光が透けて，とってもきれいだね。 ・あっちとつなげてみたらどうなるかな。	○一人一人が発想しながら活動する様子を見取り，言葉かけをして意欲をもたせる。 □材料の特徴から活動を思い付き，どうしたらよいか考えている。 □方法を組み合わせ，試行錯誤しながら活動を工夫している。
○見付けた対象のよさや美しさを交流しながらさらに活動を広げていく。 ・葉の影がプラ段ボールに映って模様みたいだね。 ・ほかにも影がきれいに映る場所を探してみようよ。 ・ビニールシートを違う方向からも広げて交差させてみたい。 ・プラ段ボールで囲んだところに座ってみると，いつもと違う場所に来たみたい。	○児童が発揮している技能や，発想のよさを捉え，励ます声掛けをしていく。 ○対象のよさや美しさに気付いている姿を見取り，指導に生かす。 ・次はどうなるのかな？ ・こういう材料もあるよ。 ・様子が変わったね。どんなイメージなのかな。 □材料や場所のよさや美しさを感じながら活動を広げている。
○自分たちの活動を振り返り，互いの表現のよさを伝え合う。 ・広げたビニールシートから光が透けて，	○中庭がどのように変化したか比べさせ，活動を振り返ることができるようにする。

・天の川みたいだな。 ・木の影がたくさん映し出されて光の家みたい。	□自分や友達がつくった活動のよさや面白さに気付いている。

(6) 資質・能力を発揮する子供の姿

　A児たちは，ビニールシートを大きく広げ，動かしているうちに，透過して地面に映る光の美しさに気付いた。次にビニールシートの端を木やフェンスに結び付けて風になびく様子にも面白さを感じていた。

　「天の川みたいだなあ」というつぶやきをきっかけに，やがて色々な方向からシートを張って交差させようと思い付いた。幾重にも重なる道のような光を見て，「天の川ジャンクション」と名付けその美しさを楽しんでいた。

　B児たちは，プラ段ボールの端に穴を開け，PPテープで竹につなげた。そこに竹林の木漏れ日が映ると，「きれい。模様みたいになったね」「ここはお日様模様の家」と言って，他にも木漏れ日が映る場所を探し始めた。

　B児たちは上の方には，軽いビニールシートを張ったほうがよいと考え，木の枝を利用して屋根のよう

にかぶせた。ビニール越しに見えるやわらかい光や，葉の緑色の美しさを楽しむ姿が見られた。見ること，つくることを繰り返しながら，見え方の変化に気付き，楽しんで活動することができた。

　C児たちは，木の幹の周りをプラ段ボールで囲い，空間をつくろうとしていた。丈夫になるよう結束バンドの使い方を工夫し，声を掛け合いながら協力してつなげている。円を描くようにつなぐと自立することに気が付き，夢中になって取り組んでいた。

　囲み終えると，その中に座って見える感じを確かめている。「座ると周りが見えなくなって，ちがう世界に来たみたい」「白い世界になったね」と，材料と空間が生み出す感じを味わうことができた。

第2節 絵や立体，工作

1　第1学年・第2学年

(1)　題材名
「あそびにおいでよ！ 夢のまち」（6時間）

(2)　題材の目標
生活の中から集めた空き箱の形や色から「夢のマイホーム」や「夢のまち」の想像を広げるとともに，それらを創造的に表す。

(3)　題材観
本題材は，学習指導要領1・2学年の内容「A表現」イを受けて設定したもので，生活の中から集めた空き箱などの身近で扱いやすい材料を使って，「夢のまち」を絵や立体，工作に表す活動である。身近な材料である空き箱を，並べたりつないだり積んだりすることで，素敵なマイホームの土台ができる。窓を開けたりテーブルやベッドを置いたりすると，さらに自分の想いの詰まったマイホームに変わっていく。マイホームができると友人の家と並べたり，遊んだり，つ

『いろいろハンモックまち』

このハンモックは屋根にもなるし，滑り台にもなります。滑り台まで行けるように，階段みたいな箱を使って工夫しました。この滑り台でYさんの家まで行けるからすごいです。

なげたくなる。本題材は，空き箱でつくるマイホームから発想・構想が広がり，共同してまちをつくりだす活動へと発展し，夢中になって取り組める題材である。

　この時期の児童は体ごと関わり全身で感じるなど対象と一体になって活動する傾向が見られることから，自分の夢の詰まった家や遊び場をつくる活動は，大変有効で主体的な活動となる。また，児童は，結果にこだわらずに様々な方法を試したり，発想が次々と展開したりする傾向もあり，使用する材料や用具には配慮し，思い付いたことがすぐにできるような扱いやすい材料や用具を，ある程度の量を用意しておくことが必要である。

　本題材では，自分のイメージをもつことができるように，始めに個人のマイホーム製作を行い，活動を友人と共同するまちづくりへ広げていく。十分にまちづくりが楽しめるように，広い場を準備するとともに，まちづくりができるような台紙も準備する。また，適切な時間に鑑賞活動として，「小さな自分」になって，他のグループのまちに探検に行く活動を入れる。見たことや感じたこと，友人の表現のよさを次の自分の表現活動に生かせるようにする。「小さな自分」と一体になり，作品に入り込んで鑑賞活動を行うことで，鑑賞の視点を変化させ，互いの表現の面白さや工夫に気付かせたい。友人と協力して活動しながら，様々な発想や表し方などがあることに気付き，共同して作品をつくる楽しさや喜びを味わうことができるようにしたい。

(4) 題材の評価規準

○手や体全体の感覚を働かせながら，空き箱や材料を用いて「夢のマイホーム」や「夢のまち」を表す。　　　　　　　　　〈知識及び技能〉
○展示する場や材料から表したい「夢のマイホーム」や「夢のまち」のイメージを膨らませ，つくりたいものを思い付いたり，自分が見たり感じたりしたことを基に，自他の作品の形や色，表し方の面白さを感じ取ったり考えたりし，自分の見方や感じ方を広げる。

〈思考力,判断力,表現力等〉

○ 空き箱の形や色を基に,「夢のマイホーム」や「夢のまち」をつくることや鑑賞することを楽しもうとするとともに,形や色に関わり生活の中にある身辺材料と豊かに関わろうとする。

〈学びに向かう力,人間性等〉

(5) 題材計画（6時間扱い）

時	学習活動	○指導上の留意点	評価の視点
1・2・3	**提案①　箱の組合せを工夫して「夢のマイホーム」をつくろう。** 1　「夢のマイホーム」から発想したことを伝え合い,イメージを広げる。 ・4階建て ・滑り台がある ・エレベーター ・プール 2　空き箱の接着方法や加工方法を確認する。 ・〈接着方法〉 　セロハンテープ,ボンド,両面テープ,ホチキス ・〈加工方法〉 　切る,開く,上下に重ねるなど **提案②　友達の「夢のマイホーム」に遊びに行こう。** 3　空き箱の組合せを試しながら自分なりの「夢のマイホーム」を表す。	○始まりにおける発想を言語化し,イメージをよりはっきりさせる。 ○発想したものから選んだり,それを基に発想を広げ追加したりできるよう,各グループに付箋とボードを準備し,思考を可視化する。 ○見通しをもって活動できるように,資料を提示しながら接着と加工についての既習事項を確認する。	◇空き箱の形や色を基に,「夢のマイホーム」をつくることを楽しもうとしている。（学びに向かう力,人間性等：観察,付箋） ◇空き箱の組合せから,表したい「夢のマイホーム」をイメージし,形や色を思い付いている。（思考力,判断力,表現力等：観察,付箋） ◇表したい「夢のマイホーム」のイメージに合わせて,空き箱や材料,用具の使い方を工夫している。（知識及び技能：観察）

時	学習活動	指導上の留意点	評価
4・5・6	4 まち探検をする。	○「小さな自分」を持って他のグループの街へ探検に行くことで，作品に入り込んで鑑賞し，面白いところや工夫しているところに気付けるようにする。	

提案③　グループで力を合わせて楽しい「夢のまち」をつくろう。

時	学習活動	指導上の留意点	評価
	1 「夢のまち」から発想を広げグループでつくりたいものについて考えを出し合う。 2 グループで共同して「夢のまち」を表す。 3 「小さな自分」を使って，「まちたんけん」に行き，自他の表現のよさを見付ける。	○自分のイメージに合った空き箱を探したり，空き箱からつくりたいものを思い付いたりすることができるよう，材料コーナーを充実させる。 ○「夢のマイホーム」の並べ方を工夫することで，「夢のまち」の想像を広げることができるようにする。 ○必要に応じて布や毛糸など，空き箱以外の身辺材料を自分で準備する。また，学校ではスズランテープやお花がみ，色紙など，加工しやすく色が豊富にあるものも準備しておく。	◇友人の「夢のマイホーム」を基に，空き箱や身辺材料を使って「夢のまち」を表すことや鑑賞することを楽しもうとしている。（学びに向かう力，人間性等：観察，付箋） ◇「夢のマイホーム」を並べた感じからイメージを膨らませ「夢のまち」の形や色を思い付いたり，まち探検で面白さや楽しさを感じ取ったりしている。（思考力，判断力，表現力等：観察，付箋） ◇表したい「夢のまち」のイメージに合わせて，空き箱や材料，用具の使い方を工夫している。（知識及び技能：観察）

提案④　友達の「夢のまち」に探検に行こう。

時	学習活動	指導上の留意点	評価
	4 鑑賞したことを生かして「夢のまち」を完成させる。		
	5 活動の振り返りを行う。	○振り返りを行うことで，自分の学びを捉え直せるようにする。	

（6） 資質・能力を発揮する子供の姿

　A児はB児と一緒にペットボトルキャップを使って花をつくり始めた（写真1）。同じグループのC児とD児は不思議なおしゃべりする木をつくっていた（写真2）。次に，A児は観覧車をつくることを思い付き，紙のゼリーカップ10個を持ってきて円形につなげるために何度か試していたがうまくいかなかった。何度か試行錯誤しながら，円をつくるためにはゼリーカップ10個では多すぎることや，向きを変えて付けると安定すること，そして両面テープで付けるとしっかり付くことに自分の感覚や行為を通して気付

写真1　　　　　写真2

写真3

き，B児と一緒にそれを表していた（写真3）。これは，知識及び技能を働かせている姿である。

　作品を見てみると，写真1と写真2には使用している材料に関連性が見られる。また，出来上がった花の形（写真1）から観覧車（写真4）の発想が浮かび，表現していることが分かる。表現活動をしながら，自然に鑑賞する活動が行われ，新たな発想や構想，技能の手掛かりを得ている姿と捉えることができる。これは，表現と鑑賞の活動を行き来しながら思考力，判断力，表現力を働かせている姿である。

写真4

　まち探検の時間は，A児とB児は隣のグループに行ったあと，すぐに自分のグ

写真5

ループに戻ってきて，友人に滑り台のことを説明していた（写真5）。一緒に滑り台を滑って会話を交わした後，隣のグループに行き家の中に入ったりハンモックに横になったりしていた。自分の作品について紹介する姿は，他の児童にも見られた（写真6・7）。説明をして，一緒に「小さな自分」で遊び，その後に自分の作品を離れる児童が多かった。このような「友人に作品を紹介したい」「認めてもらいたい」という能動的な姿は，鑑賞活動においての学びに向かう力，人間性を働かせている姿である。

写真6

写真7

　A児の振り返りには，「今日の工夫は滑り台の中に入って滑れるようにしたことなんですが，本当に中に入ってみたら滑れました。あと，観覧車に乗れるように，円のかたちでつくりました。それで本当に乗れたので嬉しかったです。花もできました。とってもおもしろかったです」と書かれていた。A児は，自分の工夫した点を挙げ，実際に遊べる「夢のまち」を表すことができた自分に価値を見付け，素直に喜んでいる。図画工作においても，児童がそのときに感じたことを，素直に言語に表し，次の課題につなげる過程が大切になってくる。

全体の様子　　　　　　　　材料コーナーの一部　他のクラスの作品を展示

2　第3学年・第4学年

(1)　題材名
「土からうまれる」（5時間）

(2)　題材の目標
　身近にある土の，色や触り心地の違いや，土が絵の具に変化していく様子を楽しみ，そこに現れ出たものの面白さやよさに気付きながら，自分の表したいことを見付けたり自分の表し方をつくりだしたりする。

勢いのある指の跡が美しい

(3)　題材観
　道を歩くとき，わざと靴の裏を土にこすりつけながら歩く子供。真似をしてみると「ザリッ，ザリッ」という音と，かすかな振動が体に伝わってくる。雨上がりの放課後，校庭でスプリンクラーの支柱の下

にたまった雨水と土を混ぜながら，ぐしゃぐしゃに夢中で地面を掻いていた女の子たち。なぜだか子供と土は切り離せない。子供は土を視覚でなく，まず体感に捉えようと直感的衝動的に働いてしまうのかもしれない。

　本題材は，最初から土を絵の具として扱うものではない。普段当たり前のように目にしている土に，目や手，耳，体全体で関わる。その中で子供が自分で選びとっていったものが，土が絵の具（えがくことができるもの）へと変容していく過程と重なり合い，「土でえがく」こと，「土からうまれた」ものに子供の実感が混ざり込んでいくことを期待したものである。校庭や砂場，畑から色々な土や砂を採取することから始まり，それらを色で分けてみたりふるいにかけたりしてみる。また，学校の土が黒っぽいものが多かったので，他の学年の残りのテラコッタ，信楽粘土の乾いたものも用意した。ふるった土が紙の上に落ちる感じや鉄ヤスリで削るときの音，ふわっと漂ってくる土の匂いなど，思わず体が反応してしまうと同時に子供たちがたくさんの造形的な発見をしていってくれればと思う。そして，そこから得た自分の感覚や思いが，表すことの楽しさをさらに深めていくことに期待したい。

自分たちの決め事で分けてみる

「校庭の土と色が違う！」

(4) 題材の評価規準

○土に関わることから，色や触り心地の違いや変化に気付いたり，手や刷毛を使い，いろいろな表し方を試したりしながら表している。　　　　　　　　　　〈知識及び技能〉

○土から絵の具に変容していく過程を楽しむ中で自分の見方や感じ方を豊かにし，そこから感じたことを基に表したいものを考えたり思い付いたりしている。　〈思考力，判断力，表現力等〉

○普段とは違う土との関わりを大切にし，現れ出たもののよさや面白さを感じようとしている。　〈学びに向かう力，人間性等〉

(5) 題材計画

指 導 者：カップ　バケツ　移植ごて　ネット　ふるい（粗/細）　ビニール袋　白ボール紙　洗濯糊　おぼん　木べら　竹串

児　　童：水彩絵の具

活動場所：校庭　図工室

場の設定：

（1次）　土を並べたりふるったりできるように，机の上には新聞紙を敷く。白い紙の上にふるうと，土の感じがよく分かる。

（2次）　机の上や床の上で活動できるようにする。

時	学習活動	指導上の留意点	評価の視点
1・2（1次）	色んな土を集めてみない？　どんな土があるかな		
	・本時の活動について知り，土のある場所や集め方を話し合う。 「校庭や砂場にいけばあるよ」 「畑の土は黒いよ」 「何種類くらいあるのかな」 ・外で色んな土を集めてくる。	○子供の日常に沿った導入にして，スムーズに土に向かえるようにする。 ○色や触り心地などに注目して集められるように伝え	◇土について興味をもって考えようとしている。

	「白と灰色と黒，赤もあった」 「校庭の表面と，中の方は違う土だ」 「砂と土は違うの？」 ・集めてきた土を分けてみる。ふるいにかけたり，混ぜたりしてもよい。 「色の濃い土から順番に並べてみよう」 「ふるいにかけたら，色が少し白っぽくなった」 「この土とこの土を混ぜてみたらどうなるのかな？」 「色の違う土で絵がかけるよ」	る。 ○「こんなことしてみたいな」という，子供の想いをすくっていく。 ○カップ，白い紙，ふるい，鉄ヤスリなど自由に使えるようにしておく。 ○ふるいにかけたり，乾いた粘土の塊などを鉄ヤスリで削ったりしながら，土の質感を変化させていけるようにする。残せないものは写真に撮っておく。	◇土に触れたり，色や触り心地の違いを感じたりすることを楽しもうとしている。
3・4・5（2次）	みんなの集めた土で，何か表せるかな？		
	・今回は土に糊を混ぜて，自分の土の絵の具をつくることを知る。 ・土の使い方，糊の分量や塗り方かき方は，やりながら決めていく。自分の気に入った色やかたさを見付けていく。 「トロトロになってきた。どこかに塗ってみたいな」 ・手や指，木べらなどの道具や，力の入れ具合で変化する土の感じに体で気付きながら表していく。 「指の跡がおもしろい」 「たっぷり塗って，削ってみよう」 ・活動や作品からよさを味わう。 「土の色と絵の具の色が合っているね」	○前回，絵がかけることに気付いたことにふれながら，子供の活動を表現につなげていく。 ○糊や色々な土を混ぜてみながら土の重さや量感を感じ，これで何か表せそうだという気持ちをゆっくりふくらませていけるようにする。 ○土の量も，子供の表したいことに合わせて，多少のボリュームの幅は出てくるので，しっかり接着させておく。 ○糊の混ざった土の感触を楽しみながら生まれてくるかたちや，やっているうちに現れ出た面白さに気付ける	◇自分なりに混ぜ方を試みながら土と関わっている。 ◇土から絵の具に変容していく過程の中で，自分の見方や感じ方を深めようとしている。 ◇感じたことを基に表したいものを考えたり思い付いたりしている。 ◇現れ出たもののよさや面白さを感じようとしている。

第2節 絵や立体，工作

| | 「すごく重そうだけど，ダイナミックだね」 | ように声かけをする。
○必要があれば，絵の具を混ぜたり塗った土の上に色を重ねたりしてもよいことを伝える。
○活動の途中の作品と乾ききった後の作品との雰囲気の違いや，自分や友達の思い付いたことや表し方の違いを味わいながらワークシートに記入する。 | |

思い切って木べらで広げてみたら，すごい模様ができた。

富士山です！とうれしそうに教えてくれた。

土と指から生まれた子供のかたち

(6) 資質・能力を発揮する子供の姿

　校庭から集めてきた土を机の上にいっぱいに並べて「これはこっち」「これどこから取ってきたの？」「もう１個カップある？」と，子供たちは忙しそうだった。今，自分が手に入れてきた土。何か理由が

あって選び取ってきたものを改めて吟味している。これは色, これはサラサラ, これは……。友達のものと見比べて「ああ, 似てるね」と, 隣に並べる。

　さらにふるいにかけると, 驚くほどに土は滑らかになり, 「ねえ, さわってみて！」と随所で声があがる。普段, 何げなく踏みつけている土とは明らかに別物になっていく面白さを友達と共感し合っている様子は, "土の鑑賞"である。下に白い紙を敷いていたからか, ふるいから土を落としながら何かをえがこうとしている子供がいた。土の色合いや, 落とした土の密度, 少し指で模様のようなものを加えたりしている。2次では, 土に糊を混ぜてしまうのでこのような表現にはなりにくい。細かく, 軽やかな土だからこその表し方であり, 行為を通してこその気付きである。また, 2次の活動においても糊と土の加減を調整し, 最初に自分がいいなと思ったイメージを大切にしながら表している姿が見られた。

　土を表現のスタートにすることで, 驚きや楽しさとともに「思っていたのとちがう……」という戸惑いも子供の中に見られた。色の感じやかき心地, 絵の具でかくのとも粘土でつくるのとも違う曖昧な感じである。活動の中盤に絵の具を加えてもいいことを伝えると, ほとんどの子供が色を使い始めた。やはり土の色だけでは物足りなかったのかな, と思って見ていると, 土を引っ掻いて見えた紙の隙間に色をぬる, 土と混ぜて少しトーンを落とした色を使う, 色数を制限するなど,

自分で捉えた土固有の色の特徴を大切にしながら考えていたようだ。

「土の色ってこんななんだ。土でかくってこんな感じなんだ」と，土を混ぜる，引っ掻く，たらす，盛る，掻く……，子供の行為が土から生まれてくる。行為とは子供が"（対象に向かって）やっていること"に見えて，実は"（自分の中に）取り込んでいること"でもある。そこに留まらない行為や，傍からは目に見えない感覚が子供の中で意味をもち，それに促されて子供の手や体がさらに反応していくこと。それが個々の中で行われつつも，次第に「やったからこそ分かる」という共通感覚をそれぞれに獲得することができる。土大盛りの作品を見ながら，友達の手の動きや土の柔らかさを想像し，強いストロークの筆跡に気付き，「ジャッ」という土の擦れる音を頭の中に呼び起こすことができる。そんな中で，自分と土との関わりや，そこからどんな表現が「うまれた（うまれようとしている）」のか，いろいろな視点をもって捉え

ることで資質・能力がひらかれていくのではないだろうか。

3　第5学年・第6学年

(1)　題材名
「ある日，森の中」（8時間）

(2)　題材の目標
「森」から始まる自由なイメージや，段ボール紙の組合せ方から，自分の思いに合った「森」の表し方を工夫し，その中に迷い込みながら表現の広がりを感じようとする。

木には夕日が反射している
どんな鳥の声が聴こえるのだろう

都市のようにつくり込まれた森
森と森がロープウェイでつながっている

(3)　題材観
子供は「何かを表したい・つくりだしたい」というシンプルな思いをもっている。しかし行為や感触を存分に楽しみながらも，最終的に，表したいものへの自己到達感が弱く，自分の想いを十分に表しきれないという子供の様子もある。どんなことをすれば，どこまでいけば，その「表した・つくりだした」ことを子供は実感することができるのか。絵をかくこと・色を作ること・形の組合せ方を見付けること……。本題材は，あらゆる方法が子供にとって表現を見付ける入り口になり，イメージと方法，材料をクロスさせながら，自分ならこうしたいという思いや表現の多様性を活動の中で探っていけるようにした。

「森」は辞書どおりというよりも，少し混沌としたボリューム感をもった何か，として投げかけてみる。自然の密集地帯であると同時に，子供にとってのまだ見ぬ何か，まだ出会っていない意味や可能性の仮想集積地といったところだろうか。子供は木や動物，川などの具体物のイメージと共に，"広々として快適""何か怖そう"といった雰囲気など，現実との"境界性"をもった世界を想像することを連想連鎖的に楽しむのではないか。

　また，図工の時間，平面のつもりで設定したつもりが，「先生，はさみとセロハンテープ貸してください」と，表現がどんどん立体化していくことが時々ある。やっていくうちに"こう表してみたらどうだろう"と気付きシフトチェンジしていくことは子供にとって大切なことだ。今回は，その形の組合せ方から，新しい見方や感じ方を見付けられるように，手の平サイズからＡ４サイズまでの段ボール紙を用意した。手に取って並べてみたり，立ててみたり，また描いたものをつなげたり，取ってみたり，子供が気持ちに合わせて，自在に操作できる。

　これらが相互に作用しながら生まれたイメージや形などからいろいろ試し，「森」という共通の意識の中にありながら，はみ出したり飛び出したりしながら自分の表し方や見方を探していく。そして，目の前に立ち現れていく自分の表現を通して，「何かが集まったら，そこに新しい何かが生まれる」ということの価値を，掴んでいけると期待した。

(4)　題材の評価規準

○表したいこと，思い付いたことに合わせて，紙の種類や表現に適したやり方を選んだり，かく・並べる・重ねる……ことから，形や色，組合せなどの感じを捉え，それらを基に自分なりの「森」のイメージをもつことができる。　　　　　　　　　〈知識及び技能〉
○段ボール紙の大きさや数，形や色，それらの構成から感じたことを

基に，表したいものを考えたり，自分の「森」の表現を思い付いたりしている（逆もある）。　　　　〈思考力，判断力，表現力等〉
○「森」というテーマについて興味をもち，自分の「森」を表すことを楽しもうとしている。自分と友達の活動の仕方の違いに気付き，面白さやよさを感じようとしている。〈学びに向かう力，人間性等〉

歩くと草がからまる森と明るく広がった森

(5) 題材計画

準備：段ボール片　共同絵の具　刷毛　ロール紙　黄ボール紙　洗濯
　　　ばさみ（のりやテープ，はさみや段ボールカッターなどは自由
　　　に使えるようにする。）

活動場所：図工室

場の設定：表現の意図に合わせて自由に材料や用具が選べるような場
　　　　　や，並べる・つなげる・吊るすなどの行為が試せる空間を
　　　　　設ける。

指導計画：（4時間）

時	学習活動	指導上の留意点	評価の視点
1・2	自分の中にある森って……どんな場所？		
	・「森」から思い付くものを想像してみる。		◇森について興味をもって考えよう と

第2節 絵や立体，工作

	「森ってどんな感じだろう？」 「森には何があるのかな？」 「段ボール紙を選んでこよう」		している。 ◇絵の具で表したり，段ボール紙を組み合わせたりすることを楽しんでいる。
	・いくつもの段ボール紙片を集め，パズルのように並べたり，組み合わせたりして新しい見方や感じ方に気付く。 ⇅ ・イメージしたものをかいたり，かいたものを組み合わせたり，いろいろと試しながら活動する。 「森っぽい色はどんなのだろう」 「木かな，動物かな」 「この組合せで，何かできそう」	○ここで，相互に作用しながら生まれたイメージや形などからいろいろ試し，自分の「森」の表し方や見方を探していく活動を楽しめるようにする。 ○絵をかくこと，色をつくること，形の組合せ方を見付けること……，どんなことでも森への入り口になっていくことを伝える。	◇紙の大きさや形の組合せから感じたことを基にして，表したいものを考えたり，自分らしい表現を思い付いたりしている。 ◇表したいこと，思い付いたことに合わせて，表現に適したやり方を選び，工夫して表している。
3・4・5	**森は自分の大切な場所かも知れないね** ・イメージと材料の関わりから生まれたこと，友達の活動から思い付いたことなどを基につくり変えたり新しい表現を試したりしていく。 「あれ，森だったはずが！」 「やっぱりこっちのやり方がいいな」 「え，あんなことしてもいいんだ」	○「こんな風にしてみたいな」という，子供の想いをすくっていく。 それぞれの想いに沿って，自分らしい表し方を見付けられるように働きかける。	
6・7	・自分の「森」のイメージを基に，段ボール以外の材料についても考えてみる。	○個別に語りかけながら，必要に応じて材料や用具を示す。	
8		○一人一人の「森」をのぞき，面白がり，認め合うこ	◇自分や友達の活動のよさや表し方の

・自分の「森」のイメージを基に，段ボール以外の材料についても考えてみる。 ・今回の活動について振り返る。 「自分の森はどんな場所だったのかな，どんな思いがあるのかな」 「友達の森からは，どんなことが伝わってくるかな」	とを伝える。	違いを見付けたり，感じたりしている。

「ここから見るといいよ」

引き込まれるとかまれる森

(6) 資質・能力を発揮する子供の姿

「森」というテーマから，子供たちは木をかいたり様々な緑色を塗ったり，即席的なイメージからスタートしていった。紙が手の平サイズなので，文章にならなくても単語で話すような感覚で，自分のイメージの断片をぽつりぽつりとかき出していく。知っているようで，実は知らない「森」という場所を自分なりに捉えようとしているが，

逆に，木があれば何となく森に見えてしまうことから，子供自身が"あれ，こんなのでいいのかな？"と立ち止まる様子もあった。

また，段ボール紙は中学年でも使ったことのある素材だったので，山と積まれた紙片から好きな大き

さや形を積極的に選び取っていた。かいた木をどこに置くか，かいたものを立ててみる，立体的な面にかくなど，表し方の幅は子供が広げながら楽しんでいたので，単なる支持体ではなく，形や大きさをどう捉え，生かすか，段ボールの「紙片」を感じることができる導入の時間や場の設定が大切であると感じた。

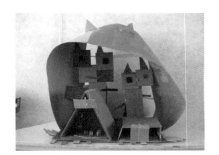

並べたりつなげたりは低学年の子供でも楽しむことができるが，高学年はそこから奥行きや雰囲気の違いなども感じることができる。紙を立てることから，ある子は行き止まりを，ある子はその先に続く風景をかき広がりを表す。帯状の紙は，上にかぶせて取り込まれるようなイメージにしたり，周りを囲って守っているイメージにしたり。明るさと暗さ，開放感と閉塞感など，「紙片」の構成の中に自

分の心持ちなどを反映させている表現や作品が多く見られた。そんなイメージと表現方法のクロスの中で，深く入り込む子，留まる子，抜け出る子など，「森（＝自分の場所）」の存在が子供の大切なものとして少しずつ置き換わっていったが，これは「知識及び技能」と「思考力，判断力，表現力等」のクロスであり，子供の表現の過程の充実であると考える。

音楽が流れる木や逃げ込むと相談に乗ってくれる森，鳥が入ったら森が明るくなった，自分が吸い込まれるような森など，一人一人の森のイメージや表し方が異なることで，子供も互いの森に興味をもっていた。もしかしたらそれぞれが違うことをすでに知っていながら，「森」でつながった互いの表現を共感的に楽しんでいたのかも知れない。

　この題材で，子供が「森」を自分の見方や考え方で表現し，そこに子供自身が面白さや価値を感じることや，投影された自分自身に改めて気付くことは，「森」を背負いつつ「森」から飛び出すことであった。

第3節　鑑　賞

1　第1学年・第2学年

(1)　題材名
「『ここみてしいと』にかいてみよう！」（第1学年）

(2)　題材の目標
自分たちの作品の「見てほしいところ」とその理由を話し合ったり書いたりする活動を通して，作品の造形的な面白さを感じ取り，見方を広げたり深めたりする。

(3)　題材観
① **児童観**

本学級の児童は，4月から6月の初旬まで，鑑賞活動として，自分たちの作品の色や形が気に入っているところを話したり，友達の表し方の工夫を感じ取って話したりすることを中心に行ってきた。

パスで好きなものの絵を描く題材では，全員が黒板の前に出て作品を示しながら題名を話し，ほかの児童も興味深げに見ていた。光を通す材料を透明な袋に詰めて結ぶ，つなぐなどして動物や魚などを作る題材では，光の当たるところで，見てほしい児童が自分の作品を示しながら題名と工夫したところを話し，挙手した児童が「ここもいいよ！」と作品を指で示しながら話すなど，見方を広げることも徐々にできてきた。

折り紙を折って切り，開いてできたものをつないで作る飾りづくりでは，窓際に全員の作品を吊るし，集まって鑑賞した。切り方の工夫

でできた形の美しさに注目する児童が多い中，光を通す材料を使った前の題材の経験からか，切り方や重ね方によって通す光の効果に気付いて話す児童に，「そう！ここの（重ねた折り紙の）切ったところから入る光がきれいです」と嬉しそうに同調する児童の姿もあった。

以上のような経験から，自分の作品について話すことは，全員が楽しそうにできるようになった。友達の作品に意見を述べることは全員ができるわけではないが，表情や身を乗り出す様子などで興味をもっている様子を見取ることはできる。

しかし，聞くことについて指導しながら，全員の話を教師がつぶさに聞き取るのは困難なときもあり，表情なども見取り切れないこともある。公平な評価ができているのか不安な点もあった。

② **題材観**

6月中旬。ひらがなを学習し終わり，文を書く活動にも慣れて，3文ほどかけるようになった。もう，書く活動を取り入れることができそうである。ワークシートに書く活動には，全員が同時に活動でき，じっくり思考しながら活動できるよさがあると考える。また，時系列に沿ってファイリングしておくことで，自分の成長が感じられるメリットもある。

主に太い筆を使って，四つ切画用紙に快く描いた「えのぐで，ぐるーり」という題材の作品を対象として，「ここみてしいと」（ワークシート）を使った鑑賞活動を設定した。

「ここみてしいと」には，作品の見てほしいところを○で囲み，児童が自分の作品のどこを見て，色や形，筆づかいなどのよさを感じているのか，分かるようにしたい。

③ **指導観**

以上のことを踏まえ，主に次のような手立てを講じながら指導する。

ア．作品の写真を写真サイズの袋に入れて袋の上から見てほしいとこ

ろに印をつけるようにする

　予め撮影しておいたＬ写真をＬ版に印刷しておく。カードにはＬ版の入る袋を両面テープで貼付しておき，写真を袋に入れる。見てほしいところに袋の上から油性ペンで印をつけ，児童が作品のどこに注目しているのか分かるようにする。

イ．印を付けた箇所を見てほしいと思ったわけを書くように促す

　印を付けた箇所について，色や形，表したいことや，表し方の工夫について「みてほしいわけ」として文で記述するようにする。

ウ．話し合う活動を行った後，書く活動を設定する

　気に入っているところを示しながら話し，他の児童からも意見を述べる時間を設定する。他の児童の意見も取り込みながら書くことも可能になるようにしたい。

　また，手立てとはしなかったが，題名も，作品の中の形や色から児童がもつイメージと関連するので大切に見ていくこととする。

(4)　題材の評価規準

造形への関心・意欲・態度	鑑賞の能力
自分たちの作品の形や色，筆づかいなどの面白さを思いのままに楽しもうとしている。	感じたことを書いたり，話したり，聞いたりしながら，表し方の面白さに気付いている。

(5) 題材計画

「えのぐで，ぐるーり」A表現(2)【作品をつくる題材・参考】　　　4時間

時	学習活動	指導上の留意点	準備	評価の視点
第1次 90分	○水入れに水をくみ準備を行う。	○机上に，筆，雑巾，絵の具，カップをそろえ，水をくみに行くよう伝える。○本時のめあてを伝える。	○絵の具セット ○ゼリーカップ（一人三つ） ○画用紙（四つ切）	◇水加減に気を付けながら，快く描いているか。（技能・行動観察／作品）
	みずかげんにきをつけてきもちよくかこう。			
	○机の上のものの置き方，水入れの使い方を知る。○カップに好きな色の絵の具を入れ，水で溶いて描きやすくして描く。・水をつけてから描くと描きやすい。・太く大きく描きたいな。・「てんてん」もおもしろい。○感想を聞き，後片付けをする。・水を混ぜると薄くなったよ。・気持ちよく描けたよ。	○水入れの「へや」が分かれているわけを伝える。○発見を励ましながら机間指導する。・違う色の線が描きたいときは，しばらく乾かしてから描くように促す。・色を変えるときはよく筆を洗って雑巾で拭いてからにするよう伝える。○水の量に関する気付きを中心に大切に聞き合うようにする。・次時は色を混ぜてみることを伝える。		
第2次 90分	○準備を行い，めあてを知る。	○前時の学習を振り返り，水入れの位置や使い方を簡単に確認し，本時のめあてを伝える。	○絵の具セット ○試し紙 ○作品	
	いろをまぜたり、みずかげんをくふうしたりしてきも　ちよくかこう。			
	○パレットに使いたい色を2色選んで絵の具を出し，混ぜ方を知る。	○発見を励ましながら机間指導する。・混ぜるときは明るい色に暗い色を少量ずつ混ぜるよう		

第3節 鑑賞

・こんな色ができた。 ・すごい！ ・この色使ってみようかな。 ○感想を聞き，後片付けをする。 ・赤と青を混ぜたら紫になったよ。 ・重なっても色がかわるよ。 ○次時の活動を知る。	に促す。 ・全部混ぜ切らなくてもよいことを伝える。 ・試し紙も使うとよいことを伝える。 ・混ぜた色，水加減についての気付きを中心に大切に聞き合うようにする。 ○次時は互いの作品を見て話したり，ワークシートに書いたりすることを知る。		◇混色を試したり，水加減を工夫したりして快く描いているか。 （技能・行動観察／作品）

「ここみてしいと」にかいてみよう！　B鑑賞【本題材】　1時間

時	学習活動	指導上の留意点	準備	評価
第1次 45分	○本時のめあてを知る。 **さくひんをみてかんじたことをつたえよう。** ○作品をよく見て話したいことを考え発表する。 ・見てほしいところを指などで示す。 ・色や形，筆づかいなど，みてほしいわけも話す。 ○皆の前で作品について発表し，他の児童の作品についても話す。 ○「ここみてしいと」に写真を入れ，印をして，わけを書き入れる。 ○本時の感想を聞き「ここみてしーと」を集める。	○本時は作品をよく見て話したり，書いたりすることを知らせる。 ○作品のどこが気に入っているか，わけはなぜかを伝えるようにする。 ・発表した児童に付け足しがあるときは，どこを見てそう思ったか合わせて伝えるようにする。 ○写真の袋の上から見てほしいところに印をし，わけを書き，題名を書くよう伝える。	○作品 ○ここみてしいと	◇自分たちの作品の形や色，筆づかいなどの面白さを楽しもうとしているか。（関心・意欲，態度／行動観察） ◇感じたことを書いたり，話したり，聞いたりしながら表し方の面白さに気付いているか。（鑑賞の能力／行動観察・ワークシート）

149

（6） 資質・能力を発揮する子供の姿（画像内の○は子供が選んだ部分）

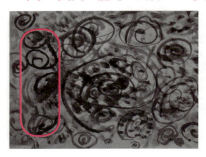

A児　題名　「おしろ」
〈みてほしいわけ〉
　ぴんくとかのいろがうすくてきれいでした。
◇左側の○印のあるところに淡いピンク色が広がっている。水のついた筆でなでたときにじんだのが面白かったようだ。

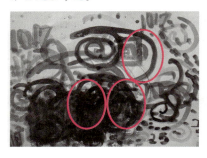

B児　題名　「むらさき」
〈みてほしいわけ〉
　むらさきのところがとくちょうです。
◇題名にも「むらさき」とあるように，赤と青が重なって紫になることが大変うれしい発見だったのだろう。中央左下に混色した紫も塗られているが，それよりも重色でできた色に興味をもち，面白いと感じているようだ。

C児　題名　「おはなばたけ」
〈みてほしいわけ〉
　だいめいが「おはなばたけ」だからおはなみたいなところにまるをつけた。
◇作品の中の淡い色ややわらかい形からもったイメージが先にあって，もっともイメージに近い形を探して，「ここみてしいと」に書いたのだろう。

　例に挙げたのは，話合いまでの過程で教師が気付いていなかったこ

とが,「ここみてしいと」で分かった事例である。ただ,見てほしいところに丸印を付けているだけなのだが,その場に子供がいなくても,どこに注目していたのかが分かり,子供の思考を読み取る手掛かりとなった。直接そのときに言葉を交わせれば一番いいのだが,それができないときの手立てとしてはよいと思う。

　自分たちの作品を見る話合いでは,自分が見てほしいところと他の児童が注目するところが違う場合があり,子供にとってはそれもうれしい発見になる場合が見受けられた。話合いののち,見てほしいところを「ここみてしいと」で変える場合もあったように思う。

D児　題名「たつまき」

〈みてほしいわけ〉

　たつまきみたいにぐるぐるだからです。

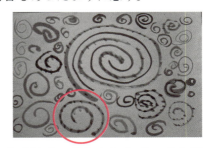

◇何回か描いた渦巻の形のうち,水をたっぷり混ぜた緑色の渦巻が最も迷いなくすっと描かれているのを感じる。重ねられた赤の点も筆の方向や向きを合わせてほぼ等間隔で描かれている。渦巻がきれいに描けたことがうれしく丁寧に行ったのかもしれない。

　この実践では,どこを見てほしいかの紹介に困っていた児童が,「ここがぐるぐる回っているようで迫力があるよ」と他の児童に言われた場面があった。「ここみてしいと」に見てほしいところに挙げ,わけとして「ハンバーガーににています」と書いていた。見立てた

「ハンバーガー」

ので他の児童の意見をまるまる受け入れたわけではないが,形に着目する見方を他の児童の意見から得たとも考えられる。

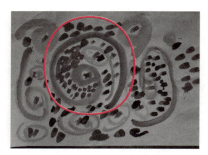

「おはな」

また，A児の隣の児童は「おはな」としてわけを「おはなみたいにきれいだから」としている。曲線の多い形や緑色からイメージを得たのかもしれないが，A児の影響もあったのかもしれない。

制作中の児童の手が止まったときの様子や，鑑賞中の児童の表情やしぐさなどにも着目して，子供が資質や能力を働かせる「その時」の様子を見取ることとあわせて，評価に活用できそうだ。

「ここみてしいと」を他の題材でも活用し，ファイリングしたところ，題材のねらいを意識して，「わけ」を書くことができる子供が多くなり，子供の成長が感じられる。今後も無理なく使えるワークシートとして活用していきたいと考える。

2　第3学年・第4学年

(1)　題材名
「光の窓に……」（4時間）

(2)　題材の目標
　光の窓に自ら働きかけながら，光と身辺材料の組合せのよさや面白さに気付き，自分の見方や感じ方を広げるとともに，創造的に光の窓を表す。

(3)　題材観
　本題材は，学習指導要領3・4学年の内容「A表現」イ，「B鑑賞」アを受けて設定したものである。木枠にトレーシングペーパーを貼った窓から差し込む光と，身辺材料の組合せを試しながら色の変化を味わい，自分なりの光の窓に表す活動で

ある。鑑賞と表現がより相互に関連して働き合う本題材は，光のもつよさや面白さに気付き，見方や感じ方を広げ，光は生活を美しく豊かにするという実感を味わうことができると考える。

　中学年の児童は，自分と対象が一体化するような気持ちで作品を見る傾向が残っていることから，形式的な相互鑑賞ではなく，対象に自ら働きかけ，能動的に鑑賞する活動が大切になってくる。光にかざしてのぞき込み，じっと見て材料を取り換えるといった，表現と鑑賞が自然につながるような活動になるよう留意したい。

　本題材では，表現と鑑賞の相互の関連を図るように，学習環境を整えていく必要がある。友人の作品と並べて比べることによって，互いの表現のよさや面白さに気付くことができることから，全員の作品が光の差し込む教室の窓に簡単に飾れるように整えたい。また，教師と

児童の対話だけでなく，児童同士の対話になるよう，教室の席をグループにしたり，材料コーナーやそこに行く途中を鑑賞の場にしたりするなど，児童の動線も考えた環境を整えたい。児童が製作過程の自他の作品を鑑賞して，どのように感じたのか，根拠や理由を言葉で整理するなど，言語活動を充実する活動も取り入れていきたい。

(4) 題材の評価規準

○手や体全体を十分に働かせながら，光と身辺材料の色と形の組合せを工夫して，創造的に光の窓を表している。　　　〈知識及び技能〉
○光の色の変化のよさや面白さ，光を用いて表したいこと，光を用いた表し方について考え，豊かに発想や構想をしたり，光の色の変化や自他の作品から，光に対する見方や感じ方を広げたりしている。
〈思考力，判断力，表現力等〉
○進んで光の窓を表現したり，光の色の変化や自他の作品を鑑賞したりする活動に取り組み，つくりだす喜びを味わうとともに，光と身辺材料が生みだす変化に興味をもち楽しく豊かな生活を創造しようとしている。　　　　　　　　　　　　〈学びに向かう力，人間性等〉

(5) 題材計画（4時間扱い）

時	学習活動・詳細	○指導上の留意点	評価の視点
1・2	提案①　光と材料を組み合わせてできるよさや面白さを見付けて，光の窓に表そう。		
	1　光と材料の組合せによる，光の色の変化を楽しむ。 ・卵パック ・カラーセロハン ・気泡緩衝材 ・お花紙 ・レース ・網	○身辺材料の組合せによってよさや面白さを十分に感じることができるように，家庭に協力をお願いして様々な種類の身辺材料を集めておく。 ○透明なもの，影が面白いもの，色を意識できるものなど種類ごとに分類しておく。スズランテープやお花紙は学校で準備し，できるだけたくさんの色を揃えることで児童の色か	◇光の色の変化のよさや面白さ，光を用いて表したいこと，光を用いた表し方について考え，豊かに発想や構想をしたり，光の色の変化や自他の作品から，光に対する見方や感じ方を広げたりしている。（思考力，判断力，表現力等：観察） ◇進んで光の窓を表現した

	・スズランテープ など 2　光と材料の組合せのよさや面白さを生かして光の窓に表す。	ら受けるイメージが広がるようにする。 ○試した材料をトレーシングペーパーにしっかり貼れるように，化学接着剤を準備する。	り，光の色の変化や自他の作品を鑑賞したりする活動に取り組み，つくりだす喜びを味わおうとしている。また，光と身辺材料が生みだす変化に興味をもち楽しく豊かな生活を創造しようとしている。（学びに向かう力，人間性等：観察，つぶやき，振り返り）
	提案②　光の窓に材料を組み合わせて自分なりのイメージを見付けよう。		
3・4	1　イメージをもつことができている児童数名に途中経過の作品を紹介してもらう。（鑑賞） 2　作品に働きかけながら自分なりのイメージを見付ける。 3　活動の振り返りを行う。	○活動の始まりに短時間で鑑賞の時間を設定する。友人の作品の紹介を聞くことで，そこから発想や構想を広げることができるようにする。 ○形や色，材料の感じに着目してイメージとの関わりを考えるよう伝える。 ○材料にじっくり触れ，表現と鑑賞が行き来できるように活動時間を十分に確保する。児童自身がその感じに気付きその気付きを基に表し方を工夫できるようにする。 ○振り返りを行うことで，自分の学びを捉え直せるようにする。	◇手や体全体を十分に働かせながら，光と身辺材料の色と形の組合せを工夫して，創造的に光の窓を表している。（知識及び技能：観察，作品） ◇光の色の変化のよさや面白さ，光を用いて表したいこと，光を用いた表し方について考え，豊かに発想や構想をしたり，光の色の変化や自他の作品から，光に対する見方や感じ方を広げたりしている。（思考力，判断力，表現力等：観察）

（6）　資質・能力を発揮する子供の姿

A児は，カラーセロハンを重ねて光を通してみると，重なった部分の色が変化し，それがとても綺麗だったので，もっとたくさんの色を使ってみたいと感じた。同じ色同士重ねたらどうだろうと試してみると，一枚だけの部分より色が濃く見えるの

写真1

写真2

写真3

で、それも素敵だと感じた。カラーセロハンの重なりからできる色の変化を楽しんだ後、違う素材の組合せを試していた（写真1）。カラーセロハンにおはじきを重ねることでガラスの中を通った光が輝いて見えるところによさを感じ、さらに活動が広がっていった。これは、表現と鑑賞の活動を行き来しながら思考力、判断力、表現力を働かせている姿である。

B児はC児に作品を見せながら、「透明だとあまり目立たないよね。青のおはじきにお花紙を重ねると、おはじきの色が水色に変わってきれい」と、自分の感じ取ったイメージを言語で伝え、さらに、光の窓を裏返し、重ねた材料や色を確かめていた（写真2）。このように、表現活動の中で、児童同士の鑑賞活動が自然と行われており、その対話の中では、思考力、判断力、表現力が発揮され、言語活動が充実されていることが分かる。

D児は表していくうちにトイレットペーパーの芯を使うと光の色がはっきり出ることに気付き、厚みのある材料を利用することで光

第3節 鑑賞

の色を変化させながら，影の効果も利用した窓を表していた。これは，光と材料が生みだす効果で得た知識を活用し，自分なりの光の窓に表す技能が発揮されている姿である。振り返りでは，「早く家に持って帰ってお母さんに見せたい」と，自分がつくった作品に満足している姿，家に持ち帰って光のある窓に飾り，家の人と話しているところまでイメージしている児童の姿があった。これは，楽しく豊かな生活を創造しようとする態度であり，学びに向かう力，人間性等の表れである。

授業終了後に，教室の窓に作品を並べると，児童が集まってきて対話が始まった。自分の作品を見て友人に作品を紹介したり，素敵だなと思う作品について話したりしていた（写真3）。このように児童の作品を展示することは鑑賞の環境づくりにもつながっている。

光と材料を組み合わせて試し，よさや面白さを感じ取ったところで，トレーシングペーパーに貼り付けていく。そして，また光にかざして見る。じっくり見てさらに考える。表現と鑑賞が自然と行き来している児童の姿である。

3　第5学年・第6学年

(1)　題材名
「和のせんす」

(2)　題材の目標

私たちの暮らしを楽しく豊かにしている「和の形」に触れることを通して，自分で感じた「和」を扇子に表現しながら，自分たちの身の回りにある「和」のよさや美しさを広げたり深めたりする。

(3)　題材観

日常生活では西洋の文化が多く取り入れられ，現代の子供は日本の文化というものに対して意識しなければ気が付かないことが多い。そこで，子供たちの身の回りで「和」と聞いて思い浮かぶことや知っていることを出し合い，どのようなよさがあるのかなどを考えていくことにした。この活動を通して「和」の形や色などのよさや美しさなどを感じ取るきっかけにしたい。また，自分の感じた「和」を扇子に表し，友達と鑑賞し合うことで互いに見方や感じ方を深め合う学習を目指した。

子供たちは6年生になり，社会科で日本の歴史を学んでいる。これ

までの日本の文化と西洋の文化の違いについてグループごとで話し合い，整理することにした。こうすることで，一人一人の「和」のイメージが友達と共有され，意外にもたくさんの「和」が身近にあることに気が付くだろう。

　様々な場面で使われている扇子が「和」の形であることに気が付いたところで，数種類の用途の扇子を紹介する。その後，グループに1本ずつ扇子を配付することにより，作品としての美しさだけでなく，実際に使ってみることで感じ取ることのできるよさや美しさなどの交流が生まれ，一人一人の感じ方が広がっていくと考えた。

　友達と一緒に一つの扇子に実際に触れながら，機能的なよさや開いたり閉じたりしたときのどちらにも形のよさや美しさなどがあることに気付いたり感じたりしてほしい。この交流で，言葉だけでなく扇子を開いたり，扇いだりする様子でも感じ取っていることを見取るようにしたい。

　この活動を通して，自分たちの周りにある「和」は前の世代から受け継いだり，変化させたりしながらつくりだしてきたことや，生活の中で今も生きて働き，自分たちの感じ方や見方を支えるものであるということを学べるようにしたい。

　また，自分の生活を見つめ直し，日本文化を大切にする機会とし，日常生活にある「和」の形へ目を向けられるようにしたい。

(4)　題材の評価規準

○自分たちの暮らしの中にある「和の形」について考え，味わおうとしている。
○自分たちの暮らしの中にある「和の形」のよさや美しさを基に，生活を楽しく豊かにする扇子の絵などを考えている。
○生活を楽しく豊かにする扇子の絵などの表し方を工夫している。
○自分たちの暮らしの中にある「和」の形や色などの特徴，材質の違い等を捉えている。

(5) 題材計画（3時間扱い）

時	学習活動	指導上の留意点	準　備	評価の視点
第1次（10〜20分）	○日本での暮らしについて知っていることなどを話し合う。 ○「和」について考えたり，感じ取ったりしよう！ ○「和」という言葉からイメージすることやものなどを考える。 ・お花見（行事） ・お団子（食べ物） ・浴衣（衣服） ・畳（建築） ○友達と交流しながらワークシートに記入する。 ○ワークシートや板書を見ながら，「和」のイメージを広げていく。 ・今でも残っているもの ・落ち着くもの ・日本を表すもの ・外国にはないもの	○日本での自分たちの暮らしについて振り返り，日本文化とは何か考えるきっかけをつくる。 ○「和」のイメージをしやすいように数名に発言を促す。 ○分類しながら板書し，いろいろな分野の「和」をイメージしやすくする。 ○ワークシートに書かれた言葉を板書していく。 ○今でも続いている日本の文化「和」がたくさんあることなどを整理して，どんなイメージをもったのかを問う。 ○西洋と比べることでさらに「和」のイメージを広げられるようにする。	・ワークシート ○筆記用具	◇「和」からイメージすることやものなどを考え，ワークシートに記入している。（評価方法） ◇「和」からイメージしたこと等と「西洋」との違いを明確にして，「和」のよさを感じ取っている。（鑑賞の能力）
（15〜25分）	○「和」の中の一つである扇子を鑑賞する。（様々な用途のもの） ○「扇子」について友達と交流しながら，感じたり考えたりしよう！ ○扇子を触ったり使ったりして，感じたこ	○小さな扇子から提示し，知っている用途などを考えるようにする。 ○自然に交流が生まれるようにグループご	・扇子（装飾品，舞踊，茶道，日用品など） ・毛氈・扇子立て（皿立てで代用）	◇「和の形」のよさや美しさを基に，生活を楽しく豊かにする扇子の絵などを考えている。（発想・構想） ◇自分たちの暮らしの中にある「和」の形や色などの

第3節 鑑賞

	とや考えたことを友達と交流する。 ○開いた時に中の絵が「和」を表わしていると知り，他のグループの扇子の絵や文様と比べて交流を続けていく。 ○展示してある他の用途の扇子と比べ，描かれているものや材質の違いに気付き，様々な「和」の工夫などを感じ取る。 ○閉じたときの美しさに気が付き，持ち運びに便利な機能や持ち歩く時にお洒落に見える箇所などを考える。	とに1本，日用品の扇子を渡す。 ○詳しく見たり，実際に触って使ったりするようにする。 ○用途の違う扇子を展示しておき，グループで鑑賞した扇子との相違点や共通点を見付けられるようにする。 ○見付けたことから，どのように感じたり考えたりしたのか問いかけ，作品の意図や特徴を考えるように促す。 ○用途の違う扇子を鑑賞し，描かれているものや使われている素材の違いに気付くように促す。		特徴，材質の違い等を捉えている。 ◇交流しているときの発言や扇子を使う様子などから，扇子のよさや美しさを感じ取っているか見取る。（評価方法）
(45〜60分)	○「和」をイメージした扇子を考え，どのような画材で描くのか考える。 ○自分の「和」を扇子に表そう！ ○扇子の枠の中に自分の「和」の形を描く。	○必要な画材を用意してくるようにするために，事前にある程度の構想を練っておくように伝えておく。 ○扇子の枠を配付し，描いた後，骨組みをつくって，使えるようにすることを伝えておく。	・ワークシート ○絵の具やクレヨン，色鉛筆等	◇「和」を意識した扇子の絵の表し方を工夫している。（技能） ◇モチーフや色等を選んだ理由を聞いたり，ワークシートなどから読み取ったりする。（評価方法）
(30〜45分)	○「和」について考えたり，感じ取ったりしよう！ ○骨組みに絵を取り付け，互いの作品を鑑	○蛇腹折にすることによって，どのような	・工作用紙（骨組み用） ・穴あけパンチなど ○定規 ○筆記用具	◇自分や友達の作品を鑑賞し，交流している。（行動観察） ◇「和」の形や色などの特

161

賞する。 ○扇子になった作品を持ち歩き，出来上がった友達と交流する。 ○友達の「和」のイメージの相違点や共通点から自分の見方を広げていく。	よさが見えてきたのか問い，よさや美しさに気が付くようにする。 ○自分の作品が使えるようになったことで，改めて扇子のよさや美しさ等を味わうようにする。	○のり ○はさみ	徴，材質の違い等を捉えている。（鑑賞の能力）

(6) 資質・能力を発揮する子供の姿

① 「和」という言葉や扇子の鑑賞からイメージを広げる

いくつかの扇子を友達と一緒に鑑賞し，扇子の形，色，開いたときと閉じたときの大きさや見え方の違いなどを感じ，「和」のイメージを膨らませていった。

自分のつくった扇子を広げたときの美しさを考えていたり，使っているときの自分をイメージしたりしながら，構想を練っていた。

龍の力強さが気に入った子は，いつまでも龍が描かれている扇子を見つめていた。そして，自分が描けるもので力強くて日本らしいものを考え，富士山を選んだ。背景は黒にし，存在感を出すために富士山は中央に配置した。それだけでは寂しく感じたので，右上に月を描いた。「何となく和のイメージとして，半分だけにした」と言っていたことから，空間を意識していることが分かった。

桜やあじさい，朝顔等の花を描いた子もいた。大きく一つだけを描き風景画のようにする子もいれば，小さくたくさん並べて文様のようにして描く子もいた。そして，なぜそのように並べたのか尋ねると

「全体的なバランスを考えて何となく並べてみたら、美しかったから。色は桜のピンクと日本らしい薄紫にした」と述べていたことから、配色についても「和」を意識していたことが分かった。

鑑賞したときの全体交流では「和」のイメージをモチーフでしか表せなかった。それが、表現することによって個々にある「和」のイメージがモチーフだけでなく、色彩や配置のバランス、空間などの表現方法などにも広がっていった。

② 自分だけの「和のせんす」にするための工夫をする

自分らしい扇子にしたいと考えていた子が多かった。家で自分の家紋を調べてきて配置した子、自分が生まれた春をイメージした子、自分の名前の文字に使われている柚が川に流れていく様子を描いた子など、自分らしさの中に「和」のイメージをつくりあげていた。

日本らしさを表現したいと考えた子もいた。花びらが舞い散る桜の木を描いた子は、美しさと儚さを表現しようとした。また、日本のきらびやかで明るいイメージから、金地に

した。木の幹は、絵の具のチューブから出したそのままの色だと自分の「和」のイメージではなく、もっと落ち着いた古くからある木のようにしたいと思っていた。そこで、近くに居た友達等に相談し、何度も色を調合させ、枠の外に試し塗りをしながら、さらに「和」の落ち着いた雰囲気になるように工夫した。そして、自分のイメージどおりの桜の木を描けたときに、「よし！」と言って、筆を置いた。モチーフや配置だけでなく、全体のバランスなどから落ち着いた雰囲気が「和」であるとし、

言葉だけでは表せなかった自分の「和」の世界を表現できたのである。

③　友達と見たり，伝えたりすることにより自分の「和」がはっきりする

　自分の扇子を紹介したり，友達の扇子の話を聞いたりする交流を行った。自分の「和」のイメージを友達と一緒に扇子を覗き込みながら説明していった。

　「これは，"日本"と聞いたら思い出すものを描こうと思ったので，富士山を真ん中にしました」
と扇子に描いた絵の説明をし，自分の考えた「和」を友達と一緒に感じていた。

　「ぼくは，黒と金で豪華絢爛な感じにしたかったんだよね」
　「あ，お殿様のイメージね。僕も優雅な感じにしたかったから，金色にしたんだよ」
と会話が弾み，お互いの扇子を見せ合い，似ている部分を見付けていた。同じ色でも，違うイメージで表現していたことを知り，見方や考え方が広がっていった。

　交流したとき，子供たちは友達に説明するために様々な言葉を使っていた。扇子を見せただけで相手に伝わることが多かった。作品に触れて，感じたことを言葉に置き換えて交流していく子供たち。友達の方から「これは，〜なんだね！」などと言われ，そこからさらに自分の言葉で説明を付け足していく姿が見られた。交流を重ねていくことで，感じたことを表す言葉をたくさん獲得し，感じたことを深めていったことが分かった。

【参考文献】
○奥村高明・森實祐里「対談　これからの鑑賞活動」『Webマガジン　学び！と美術』Vol.59，日本文教出版，2017年

第4章

学習指導要領を活かす
図画工作科の
カリキュラム・マネジメント

第4章　学習指導要領を活かす図画工作科のカリキュラム・マネジメント

第1節
図画工作科の社会に開かれたカリキュラム

Q　「社会に開かれた教育課程」に図画工作科ではどのように取り組めばよいですか。

1　社会に開かれた教育課程の実現に向けて

　中央教育審議会答申（平成28年12月21日）では，「これからの教育課程には，社会の変化に目を向け，教育が普遍的に目指す根幹を堅持しつつ，社会の変化を柔軟に受け止めていく『社会に開かれた教育課程』としての役割が期待されている」として以下の3点が重要であると示されている。

> ①　社会や世界の状況を幅広く視野に入れ，よりよい学校教育を通じてよりよい社会を創るという目標を持ち，教育課程を介してその目標を社会と共有していくこと。
> ②　これからの社会を創り出していく子供たちが，社会や世界に向き合い関わり合い，自らの人生を切り拓いていくために求められる資質・能力とは何かを，教育課程において明確化し育んでいくこと。
> ③　教育課程の実施に当たって，地域の人的・物的資源を活用したり，放課後や土曜日等を活用した社会教育との連携を図った

> りし，学校教育を学校内に閉じずに，その目指すところを社会と共有・連携しながら実践させること。

2　図画工作の「社会に開かれた教育課程」における三つの視点

　図画工作科の目標は，「表現及び鑑賞の活動を通して，造形的な見方・考え方を働かせ，生活や社会の中の形や色などと豊かに関わる資質・能力」を育成することを目指している。「生活や社会の中の形や色などと豊かに関わる資質・能力」とは，『小学校学習指導要領解説　図画工作編』（平成29年6月）において次のように示されている。

> 　図画工作科の学習活動において，児童がつくりだす形や色，作品などや，家庭，地域，社会で出会う形や色，作品，造形，美術などと豊かに関わる資質・能力を示している。様々な場面において，形や色などと豊かに関わる資質・能力を働かせることが，楽しく豊かな生活を創造しようとすることなどにつながる。

　まさに「社会に開かれた教育課程」の実現に向けた①の目標を社会と共有することに関わるところである。
　図画工作科の目標が学校の中だけで留まるのではなく，家庭や地域，社会と共有され，子供に育まれた資質・能力が様々な生活の場面で生きて働くことが，子供自身が楽しく豊かな生活を創造しようとしていくことにつながっていく。それゆえに，学校で子供たちに図画工作科で育成すべき資質・能力を目標に照らし合わせて丁寧に育んでいくことが，形や色などと豊かに関わり，身近な人やもの，家庭や地域，社会とつながり，学びが社会に開かれていくことになる。

②の資質・能力を明確化して育むことについては，図画工作科における教科の目標及び学年の目標が，(1)「知識及び技能」，(2)「思考力，判断力，表現力等」，(3)「学びに向かう力，人間性等」の三つの柱で整理されたことで明確になった。その中でも教科の目標(3)は，「つくりだす喜びを味わうとともに，感性を育み，楽しく豊かな生活を創造しようとする態度を養い，豊かな情操を培う」と示されている。子供が，形や色などに自ら関わり，夢や願いをもち自分で楽しく豊かな生活をつくりだそうとする態度を養おうとするそのことが，「社会に開かれた教育課程」としての基盤となり得るのではないか。

③の教育課程を社会と共有・連携することについては，学校の特色や地域の強みなどを活かした図画工作に関わる取組の情報を発信したり，地域と共に取り組んだりすることが子供の学びを広げるだけでなく学校のよさを外部に発揮できる機会にもなる。また，「カリキュラム・マネジメント」の三つの側面のうちの「③教育内容と，教育活動に必要な人的・物的資源等を，地域等の外部の資源も含めて活用しながら効果的に組み合わせること」（中教審答申平成28年12月）に対応している。

以上，三つの視点に基づき，図画工作科の「社会に開かれた教育課程」について，さらに具体的にその意義について考えてみる。

3　鑑賞における「生活の中の造形」

学習指導要領（平成29年3月）第5学年及び第6学年「B鑑賞」(1)アの指導事項では，「親しみのある作品などを鑑賞する活動を通して，自分たちの作品，我が国や諸外国の親しみのある美術作品，生活の中の造形などの造形的なよさや美しさ，表現の意図や特徴，表し方の変化などについて，感じ取ったり考えたりし，自分の見方や感じ方を深めること」と示されている。

鑑賞の対象となる「生活の中の造形」とは，子供が身の回りの形や色，造形などを身近に感じて親しみをもち，目を向けるように新たに示された。例えば，普段の生活の中で使ったり楽しんだりしているような食器，家具，衣服，用具，パッケージ，ポスターなどである。また，高学年ならではの地域や社会，文化への関心の広がりに応じた伝統的な工芸品，建物など，子供を取り巻く生活の中にある様々な造形，さらにはそれらがつくりだされる過程や美術の働きも対象として考えられる。図画工作の授業でこれらを対象として鑑賞し，造形的なよさや美しさなどを自分なりに味わったり，友人との関わりなどによって見方や感じ方を深めたりしていくことが社会との関わりを広げることになるのである。

4　子供の姿から教師が学ぶ

　2年生の担任をしていたときのことである。図工の時間に子供がスポンジやローラーなどを使って，思い思いの色で形を写したり，つなげたり，ぬたくったりする造形遊びの題材の授業をしたことがあった。子供たちは体育館に敷かれた大きな紙に，絵の具の感触を味わいながら存分に手や体全体の感覚を働かせ，思いのままに活動していた。偶然にできた形や色からさらにつくりたいことを思い付いてローラーを転がして友達と線をつなげたり，スポンジを押して模様を写し出したりしていた。時間の終わりに自分たちの活動したあとを見てみると，紙の上にはいろんな面白い形や色がたくさんあった。友達と活動を振り返ってみる中で，「ここに丸がいっぱいある」「すごい！いっぱい色が混ざっている」など活動したことの楽しさや，活動から生まれた形や色の面白さなどを感じていたようであった。「今日の図工の時間は子供たち，とっても満足したな……」と，私自身も充実感があった。

この後,「この授業をやってよかった」とあらためて思う出来事があった。以下は,翌日の子供たちの会話である。

　Aさん：「昨日,BちゃんとCちゃんと遊んだよ。なぁ,面白かったな」
　Bさん：「うん,面白かったな」
　教師(私)：「へぇ～,どこで遊んだの？」
　Aさん：「私の家で図工ごっこしたん」
　教　師：「図工ごっこ？　それどんな遊びなの。何したの？」
　Aさん：「絵の具でにじとかいろいろかいたの。ローラーとかで」
　Bさん：「そうそう,なぁ」(隣りでCちゃんも頷く。)
　教　師：「え！　絵の具って家にあるの？」
　Aさん：「お絵かきするセットがあってね,それで昨日図工でしたみたいに,みんなでいろいろ遊んでみたん」
　教　師：「すご～い！！　見たい,見たい。明日それ持ってきてよ」
　子供たちが図工の時間に存分に活動し,次の図工の時間に続きを楽しむことがあっても,家に帰ってまで,しかも自由な友達との遊びの時間に近所の友達と「図工ごっこをやろう！」って盛り上がるとは,よほど前の時間の図工の授業が子供たちにとって楽しかったのだな,まだまだやりたかったのだな……と驚きとともに嬉しかったのを覚えている。同時に,学校での学びを再現して自ら定着させている子供の姿に「すごい！」と感心した。後日,保護者の方にもこのような姿が大事であることを伝えた。

　些細なことのようであるが,図工の授業が,生活の中での楽しさとして低学年なりに生かされている一例ではないだろうか。社会に開かれた教育課程を実現するためには,子供が生き生きと自己実現できる授業を展開すること,そして,授業中はもちろんのこと,普段からもこのような素朴な子供の姿を捉えていくことが大切だと考える。

5 子供の学びを社会と共有する

(1) 子供に育てたい資質・能力を示す

　図画工作を通して家庭や地域などの身近な人とつながることは子供にとって嬉しいことである。多くの小学校では，子供たちが一生懸命につくったりかいたりした作品を教室や校内の掲示板，作品ショーケースなどに展示しているであろう。子供同士で見合うのはもちろんのこと，他学年の表現にも出会うことができ，様々な表現や工夫に触れるよい場となる。同じように，参観日などで来校した保護者や地域の方に実際の図画工作の授業の様子や作品などを見てもらうことも大事である。子供たちが図画工作の授業でどのように学習し，どんな力を身に付けているのかということを知るとてもよい機会となるからだ。その際，ただ作品を並べて展示したり，授業公開したりするだけでは，大人から見る価値観で「うまいか」「がんばっているか」といった視点で捉えてしまいがちである。そこで，考えられるのが作品を展示する際に，同じコーナーにその題材のねらいや意図などを教師が簡潔に読みやすく示すことである。造形遊びの内容など題材によっては，活動の過程で子供たちが考えたりつくりかえたりしていく活動の姿や場所の様子などを写真や言葉などでまとめて掲示したり，学級だよりで紹介したりすると学習内容やねらいが保護者や地域の方にも理解されやすい。授業参観では，事前に題材のねらいを保護者に伝えておくと保護者も子供の発揮している資質・能力に着目しやすくなる。

　ある参観日の後，教室に掲示された絵の作品をじっくり見ている1人の保護者の方からこんなお話を伺ったことがあった。

　「先生，前は教室に子供たちの絵の作品が掲示してあると，がんばってかきこんである絵が並んでいるのを見て，このクラスはすごい

なと感心していました。でもね，こうして，授業で大事にしていることを読んでから作品を見ると，一人一人の作品がすごくよく見えるのです。そんなにかいたりぬったりしていなくてもこの子の作品すごいな，これがこの子の表したかったことなのかなと思ってみたりするのです。何だか見方が変わりました」

　この授業はどんなねらいの題材か，子供はどんな様子で活動していたか，何ができるようになったのかを教師が保護者や地域の方に少しでも伝わるように工夫して示すことが社会と目標を共有し，学校での子供の学びが理解されることにつながるのである。

　もちろん子供自身が作品などを家庭に持ち帰ったときに，家族に作品への思いや工夫したことなどを自分の言葉で生き生きと語れることが何より家庭とつながることになる。子供から話を聞いたり，学校からも授業のねらいや子供が活動している様子などを発信したりすることで，作品などを家庭に持ち帰ったときの保護者の受け止め方も違ってくる。準備物などの協力も気持ちよく得られるのではないだろうか。

　図画工作で育成した資質・能力を子供にとって身近な人に様々な場面で明確に見えるようにすることは，教師にとって授業を振り返り，改善する視点にもなる。

（2）　行事などを活かす

　他にも地域と関わりのもてる一つの機会としては校内作品展などが考えられる。例えば，学校によっては校内作品展で子供たちが授業で表した作品を展示する場に地域の方の作品も一緒に展示することがある。地域の方からは，書や写真，絵画，工芸など様々な作品が寄せられる。また，出品者の中には高齢者も多い。子供たちは，作品展で自分たちの作品を鑑賞すると同時に，普段よく知っている身近な地域の人が時間をかけてつくられた作品を見たり，足を運んで鑑賞を楽しんでいる人に出会ったりして，図画工作で学んだことが大人になっても

ずっとつながり，生活を楽しく豊かにしていくものであることを感じ取っていく。図画工作での学習が社会や地域とつながり，人が生涯にわたって楽しんでいくという視点を子供自身がもつようにすることもまた，社会や地域とのつながり意識する上で大切である。

校内作品展では，近隣の幼稚園，保育園，中学校，特別支援学校などの子供たちの作品を展示するなど，図画工作を通した校種間交流を図ることも考えられる。様々な作品に出会うことは，その作品をつくりだした様々な人と出会うことでもある。子供はそれらの表現や鑑賞を通して新たな価値観に触れ，自分の中にうまく取り込みながら，さらにその子自身の意味や価値をつくりだしていく。

6　地域人材・施設などの活用（社会教育の視点から）

この他にも地域人材の活用，土曜日や長期休業における社会教育との連携という視点から，例えば，放課後や夏休みのチャレンジ教室などで，地域の人や作家活動をしている人などが講師になり子供が造形活動に親しむ機会をつくることが考えられる。地域や学生ボランティアなどの協力を得て，図画工作に興味のある子供が学校で学んだことをさらに生かして取り組めるような図工教室などを実施することも考えられる。いずれの場合にしても学校の実情を十分に考慮した上で無理なく行う必要がある。

また，身近な美術作品に親しむ機会として，美術館など近隣の施設などを活用，連携して子供たちの図画工作における資質・能力を一層高めることも期待できる。実際に美術作品に触れたり学芸員の話を聞いたりすることが新たな表現や鑑賞活動への視点をもつことにつながることが期待できる。

7　図画工作の社会に開かれた教育課程の意義

　幼児がかいたりつくったり感触を楽しんだりする造形活動を全身で楽しむ姿からも分かるように子供にとって造形的な創造活動は生きることそのものであり，なくてはならない自然の営みである。自分にとっての意味や価値をつくりだすことと同時に，友人など身近な人や家庭，地域などへその眼差しを向け，関わり，つながっていくことである。子供にとって社会とつながることは，自分と向き合うことから始まり，友人や教師ら他者とのつながりの中で，成長とともに次第に自分の世界を広げ多様な社会に目を向けていくようになることでもある。

　生活や社会の中で子供自身がつくりだす形や色，作品，造形，美術などに豊かに関わる資質・能力は図画工作だからこそ育成できる。楽しく豊かな生活を創造しようとする態度が小学校図画工作で育まれ，身近な人や社会との関わりの中で働かせることが，生涯にわたり形や色などを身近に感じ必然的に普段の生活に生かすことにつながるのである。「春だから明るい感じの帽子をかぶろうかな」「この色の建物すてきだな」など普段の生活に形や色などを取り入れたり，心豊かに感じたり楽しんだりするようになるのも図画工作を学ぶからこそである。自分の生活の中に形や色などはなくてはならない。子供たちがそのことに気付き，生活や社会の中の形や色などと豊かに関わる資質・能力を発揮し，高めることが図画工作の「社会に開かれた教育課程」としての大きな意義があるのではないか。

　なお，社会に開かれた教育課程における様々な取組の可能性を考えるに当たっては，中学校美術との関連も踏まえて，図画工作科で育成した資質・能力を子供にとって楽しく豊かな生活をつくりだす土台にしたい。

第2節
小学校・中学校・高等学校を通した図画工作科の在り方

Q 今回の改訂では，資質・能力を柱として，小・中・高の教育内容の構造化が図られたと聞いています。図画工作科（美術科，芸術科）における構造化のポイントを教えてください。

中央教育審議会答申（平成28年12月21日）の中で，学習指導要領等の改善の方向性の一つとして，「教育課程を軸に学校教育の改善・充実の好循環を生み出す『カリキュラム・マネジメント』の実現」[1]が挙げられている。その中でカリキュラム・マネジメントの三つの側面が示されている。そこで，これらを踏まえつつ，図画工作科のカリキュラム・マネジメントについて考えてみたい。

1 「カリキュラム」の本来的な意味

「カリキュラム」の一般的な訳語は「教育課程」である。また，「教育課程」の編成主体は各学校とされている。「教育課程」は本来「学校の指導のもとに，実際に児童・生徒がもつところの教育的な諸経験，または，諸活動の全体を意味している」（昭和26年学習指導要領一般編（試案）改訂版）。しかし「現実には，『教育課程』は行政用語であり，全体計画や年間計画など，年度初めに作成し，教育委員会に提出する計画文書として考えられがちであった」（田村：2011）[2]とされる。各教員の立場からすれば，「カリキュラム」は「学習指導計画」や「年間指導計画」を思い浮かべるのではないだろうか。田村が

指摘する「現実の『教育課程』」としての「カリキュラム」も,「学習指導計画」や「年間指導計画」としての「カリキュラム」も,どちらの場合も「カリキュラム」は事前に立てる計画という側面のみが強調されていることが分かる。しかし,「カリキュラム」の語源には「人生の来歴」という意味もあり,そのため「curriculum vitae」と言えば,「履歴(書)」を意味する。つまり,「カリキュラム」は「(授業で)実施されたカリキュラム」「(子どもに)学ばれたカリキュラム」(田村:2011) や,「学習経験の総体」(佐藤:1996)[3]であり,それらは,「計画」だけではなく,その「遂行」やその「成果」についての「評価」までをも含むものであると言える。

先に挙げた昭和26(1951)年の学習指導要領での「教育課程」が「学校の指導のもとに,実際に児童・生徒がもつところの教育的な諸経験,または,諸活動の全体を意味している」ということは,まさにこうした「カリキュラム」の視点と軌を一にしている。

カリキュラム・マネジメントにおいては,その編成主体である学校が,児童・生徒の実態や,地域の実態に応じて,「教育課程」を不断に改善することが求められており,これは,「カリキュラム」が本来もつ機能を強化するという側面と言える。

2 育成する資質・能力を明確にしたカリキュラムづくり

先に「カリキュラム」について,各教員の立場からすれば「学習指導計画」や「年間指導計画」を思い浮かべるのではないだろうかと述べた。では,カリキュラムをつくること,すなわち年間指導計画は実際どのように立てているであろうか。図画工作科の年間計画の作成の場合,例えばその作業は各学年の年間授業時数に沿って題材を配列することであったりする。これは,図画工作科が題材を一つの単位として,指導を行うことが常であるからであろう。ただ,大切なのはその

ときに、何を手掛かりに題材を配列しているかということである。学校によっては前年度に倣って、すでに作成されている年間計画をそのまま利用していたり、すでに複数の題材が必須題材となっているために、その合間に題材を配置するというような手続きで作成したりしている場合もあろう。そうした場合に見失われがちなのが、「この教科で育成する資質・能力とは」という視点である。一つ一つの題材で、どのような資質・能力がどのように育成されるのかといった視点で、年間指導計画、つまりカリキュラムをつくることが重要である。

今回の指導要領の改訂で、各教科が育む資質・能力は、「知識及び技能」「思考力、判断力、表現力等」「学びに向かう力、人間性等」の三つの柱で整理され、図画工作科の目標や内容もまた資質・能力で再構築された。また、内容については各事項を「身に付けることができるよう指導する」と表記されるようになった。

カリキュラムづくりにおいても、一つ一つの題材がどのような資質・能力をどのようにして育成しようとしているのかということを明確にもつことが大切になる。

3 前後の学年を見通したカリキュラムづくり

先に述べたことを実践するとすれば、ある学年の年間指導計画を作成するときに、その学年の目標やその学年で育成する資質や能力については明確にもつことができるようになるだろう。次に問題になるのは、その前後の学年について見通せているかということである。

「今」目の前にいる子供たちは、「これまで」と、「これから」の狭間に居る。当たり前のことだが、これまでにどのようなことに関心をもち、どのようなことに取り組んできたのか、そしてその中で、どのようなことを身に付けてきたのか。それらの積み重ねの上に、「今」の子供たちがある。

図画工作科のカリキュラム・マネジメントを考える二つ目は「これまで」の上に立った「今」を考えるということである。カリキュラムは，「人生の来歴」である。すなわち，子供たち一人一人の「私」は，どこからきて，そしてどこへ向かってゆくのか，その道程を俯瞰し，学習指導計画を設計することが，カリキュラム・マネジメントにおいて大切な視点なのである。

　例えば，3年生のカリキュラムをつくるに当たっては，2年生までにどのようなことを学んできたのか，何を身に付けてきたのかをしっかりと踏まえていなければ「今」をしっかりと捉えることができない。とりわけ教科書に示された内容を始めから終わりまで扱うわけではない「図画工作科」においては，前学年までで，どのような活動を行ってきたのか，つまり子供たちの「学びの履歴」が大切になる。しかし，現場では，毎年クラス替えが行われ，担任が替わるため，往々にして前学年までの「学びの履歴」を把握できないことが多い。そこで，題材に変更があれば，年間計画に加筆して，次の学年の担任に引き継ぐなど，「何を学んできたのか」をしっかりと把握できるようにする仕組みや取組が必要なのである（図1）。

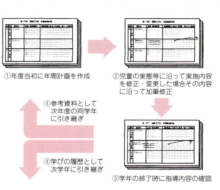

図1　「学びの履歴」を引き継ぐイメージ図

4　子供の成長を見通したカリキュラムづくり

　これまで，小学校図画工作科における「今」をしっかりと捉えるためや，「これまで」や「これから」を見通した，カリキュラムづくりの視点の大切さについて述べてきた。

しかし，小学生だった子供たちも，いずれは中学生になり，やがて高校生となっていく。そこで，もう少しカリキュラム・マネジメントの視野を広げて考えてみたい。
　今回，学習指導要領の改訂では，各教科の目標や内容の検討に先立って，学習指導要領全体が目指す姿を念頭に置きつつ，各学校段階または各教科・科目等の改訂の方向性について専門的に検討するために教科等別ワーキンググループが設置された。図画工作科と美術科及び芸術科（美術，工芸）の改訂の方向性については，芸術ワーキンググループにおいて検討されている。このことは，小学校の図画工作科が，中学校の美術科，そして高等学校の芸術科（美術，工芸）へとつながる芸術による教育を行う教科の重要な一部であることを改めて確認されたと言ってもよい。
　これまで，小学校は図画工作科，中学校は美術科と，その違いが強調されることがあった。もちろん，校種が違えば，そこで目指す目標や内容も異なっているのは当然である。しかし，子供たちは一つ一つ歳を重ねて成長していくのである。今回，芸術ワーキンググループでは，図画工作科，美術科，芸術科（美術，工芸）における教育のイメージや，学習過程のイメージが連続的な構造で示された（図２・３参照）。
　このように，図画工作科，美術科，芸術科（美術，工芸）と校種が進み教科名も変わるが，そこで育んでいるのは「形や色，イメージなどの視点をもち，生活や社会と豊かに関わる資質・能力」であり，図画工作科や美術科，芸術科（美術，工芸）の時間に子供たちは「発想や構想をする」ことや，「創造的な技能を働かせる」こと，そして「作品などのよさや美しさなどを感じ取り味わう」ことを，不断に行うことでその資質・能力を質的に高めていくのである。
　また，同答申において「教育のイメージ」として示された図には，後に各学習指導要領の目標の基となる目指す子供の姿が示されている。例えば，小学校図画工作科では「生活や社会の中の形や色などと

第4章　学習指導要領を活かす図画工作科のカリキュラム・マネジメント

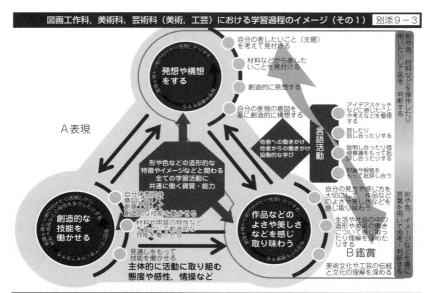

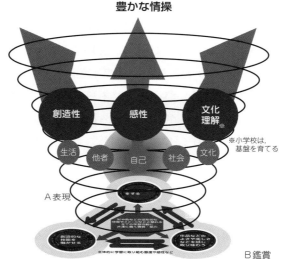

図2・3　図画工作科，美術科，芸術科（美術，工芸）における学習過程のイメージ
中央教育審議会「幼稚園，小学校，中学校，高等学校及び特別支援学校の学習指導要領等の改善及び必要な方策等について（答申）」（平成28年12月21日）別添資料より

豊かに関わる資質・能力」を育成するのに対して，中学校の美術科では「生活や社会の中の美術や美術文化と豊かに関わる資質・能力」を育成し，高等学校では「美的体験を豊かにし，生活や社会の中の美術や美術文化と深く関わる資質・能力」を育成するというように，その対象や内容が，子供たちの成長と共に少しずつ質的に変化していっているのが分かる。つまり，「人生の来歴」というカリキュラム本来の意味を少し拡げて解釈するならば，図画工作科，美術科，芸術科（美術，工芸）を見通したカリキュラムは，その「学びの道程」とも言えるのである（図4参照）。

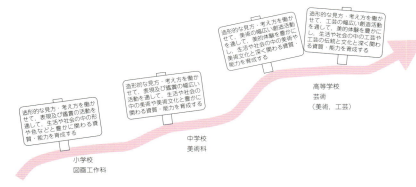

図4　図画工作科，美術科，芸術科（美術，工芸）の学びの道程のイメージ図

　小学校の図画工作科は，このように，連続して成長していく道程の大切な一時期だと考え，前項の学年間の関連で説明したのと同じように，「これから」の中学校美術科，高等学校芸術科（美術，工芸）で学ぶ子供たちの姿をしっかりと見通した「今」を考えてカリキュラムづくりをすることが大切になるのである。

【参考文献】
1）　中央教育審議会「幼稚園，小学校，中学校，高等学校及び特別支援学校の学習指導要領等の改善及び必要な方策等について（答申）」2016年
2）　田村知子編著『実践・カリキュラム・マネジメント』ぎょうせい，2011年
3）　佐藤学著『教育方法学』岩波書店，1996年

第3節
新学習指導要領を反映した図画工作科の授業研究の在り方

Q 新しい学習指導要領を踏まえ，図画工作科の授業研究はどのように進めていけばよいでしょうか。

1 これからの授業研究の在り方

　子供たちの育ちを皆で喜び合い，育てたい力を共通認識しながら着実に進んでいく授業研究，それは「授業研究が楽しくてたまらない！」という先生たちを育てる授業研究とも言える。

　資質・能力ベースでの学びづくりとカリキュラム・マネジメントの視点が，より鮮明に打ち出された新学習指導要領は，まさに授業研究の重要性を前面に押し出したものと言えるだろう。新学習指導要領が目指す姿の実現のためには，授業研究が学校の教育活動の中心に位置付くことが必要である。

　ところで，授業研究の中心は，日々の授業づくりの充実である。資質・能力がどのように育っていくのかを見つめながら，「主体的・対話的で深い学び」の視点から今日の授業を振り返り，明日の授業を考えることである。

　放課後の職員室での1コマを紹介する。クラス全員の図画を抱えて職員室に降りてきたY先生。周りに集まってきた同僚たちと会話が弾む。「この子らしい表現やなあ。やっぱり虫が好きなのね」「この子には，どう指導していったらいい？」授業研究の文化が根付く学校で

は，日々の授業での子供の姿を自然に語り合う先生たちの姿がある。子供の話題であふれる放課後の職員室は，子供の成長を共に喜び合い，悩み合える雰囲気が醸成されて，先生たちにとって心地よいものとなっている。

　さて，新学習指導要領を反映した授業研究は，資質・能力の三つの柱を目標に据え，具体化を考えていくのであるが，大事なことは「知識及び技能」と「思考力，判断力，表現力等」を一体的に育む授業づくりをするという視点である。「まず，基礎的・基本的な知識や技能を身に付けさせないと，思考はできないな」「思考力，判断力，表現力を育む授業は難しい」という声を聞くことがあるが，その認識を変えることからスタートしたい。

　子供は日常生活の中で出会う様々な課題を解決している。そのプロセスに目を向けると，課題に対してこれまでの経験や既存の知識や技能を拠り所に見通しを立てて，じっくり考えて取り組み，周りの人に相談しながら解決に至るという一連の営みがあり，その結果，新たな知識や技能が子供自身のものとなって身に付いていく。

　日常生活に見られるこのような子供の学びのプロセスにそって，授業を構成すると，「知識及び技能」と「思考力，判断力，表現力等」を一体的に育む『子供が主体の授業づくり』が実現していく。言い換えると，教師が教えたいことを子供が学びたいことに変えていく授業づくりである。

　新学習指導要領を反映した授業研究では，学びのプロセスを踏まえた子供主体の授業づくりと子供と教師が共に育つ授業研究の意義，その2点を共通認識して，今後その在り方が工夫されていくことだろう。日々の授業の中で，「知識及び技能」と「思考力，判断力，表現力等」を共に育み，「学びに向かう力，人間性等」を培う『子供主体の授業研究』の推進を目指す四つの事例を紹介する。

2 事後よりも,事前に力を注ぐ校内研究へチェンジ

(1) 事前授業研究に力を注ぎ,当日は子供の姿を語る討議会

　従来の校内研究では,研究授業の当日だけの取組に焦点が当てられていたり,授業後の討議会では質疑応答で授業者が孤独感を感じたりすることがあったのではないだろうか。

　大切なことは,『日々の授業改善こそ,校内授業研究の目的である』と全ての指導者が認識することである。そうすると,研究授業当日だけ特別な授業をするという意識は変わっていく。同時に,授業者を一人ぼっちにしない校内授業研究の在り方が工夫されていく。

(2) 事前の授業研究に全員で取り組む守口市立梶小学校の事例

　4年生担任の若い先生が研究授業をすることになり,造形遊びの題材「すみですみか」に取り組みたいと考えた。学校の中の場所を,そこにある材料を生かして楽しい住処にかえてみようという題材である。研究授業の3週間前に,事前模擬授業があり,先生たちは4人くらいのチームになって,子供になりきって場所を探しに行き活動を始めた。

静かでホッとくつろげる住処にしようと給食室の裏の隙間で活動するチーム。

下校中の他学年の子供から,「先生たち何やってるの?」と声がかかった。
「う～見つかったか。内緒!フフフ!」

　模擬授業の活動を通して,先生たちはこの授業で育つ発想や構想の

能力，技能，鑑賞の能力，共通事項などを実感しながら，授業者に気付いたことをアドバイスしていった。

「ひもなどの補助材料がほしくなるよ」

「ちょっと高いところで活動するために踏み台みたいなのが欲しくなる」

「やっぱり場所さがしは大事。場所と材料をどう関わらせるのか考えを話し合う場面は？」等。

研究授業当日は，子供たちのグループにそれぞれ担当の教師がついて，どのような資質・能力が発揮されたか見取りをしていく。

屋上に続く踊り場と階段で冒険のできるゲームを考え中。

砦を越えて，さらに砦を！

討議会では，デジカメで撮った活動写真を映しながら，グループごとに見取った様子が報告された。子供の資質・能力を捉えて語る言葉は，授業者へのプレゼントとなる。さらに，図工科で育つ資質・能力を全教職員で共有する場にもなっている。「こうすればよかったですね」と過去形で語る討議会の姿はなく，「子供はこれからこうしたいのでは？」と，子供を未来形で語る討議会に変わっていった。

3　教育研究会の討議会が授業研究へチェンジ

市町村単位で様々な研究会組織があり，熱心に研究授業や実践発表が行われている。研究授業後の討議会の在り方をアクティブな授業研究に変えていこうとする研究会の事例を紹介する。

●子供の活動を追体験する大東市小学校教育研究会の事例

この日，教職３年目の先生が研究授業を行った。先生は「ヘンシンしんぶんし」という題材を設定し，１年生の子供たちが体を使って新聞紙を楽しみ，感性を働かせて思い切り活動してほしいと願い当日ま

で授業を進めてきた。後の討議会では,「前時までに新聞紙を使って,子供たちからはどのような活動が出てきたのか?」という話題になり,引き続き,みんなで体験してみようという流れになった。

「どのような活動を子供たちは思い付くだろう?」をテーマに,低・中・高学年を意識した四つのチームで40分間の活動となった。

材料を基に活動を思い付くAチーム

材料と体を基に活動を思い付くBチーム

材料と場所を基に活動を思い付くCチーム

組み立てる活動を基に思い付くDチーム

新聞紙を材料に活動すると,資質や能力がどのように表れるのか体験を通して味わった先生たち。グループ鑑賞ではスマホで記録を取り合う姿も見られ,明日への授業に生かしていこうとする意欲を感じた。討議会での話合いを短くして,資質や能力を味わう体験活動を授業研究につなげる取組は,これからも続きそうである。

4 図工作品展を活用して，育つ力を味わう校内研究をスタート

　図工作品展は，子供，保護者・地域，学校が子供の学びを共有し，図工で育つ力を実感する絶好の場である。図工作品展の前日に先生たちが子供の作品から学ぶ校内研究の事例を紹介する。

●鑑賞を通して育つ力を味わう門真市立五月田小学校の事例

　「子供たちの作品と語り合う楽しさをたっぷり味わいましょう」と呼びかけてスタートするこの時間は，先生たちにとってもリラックスタイムとなっている。

　4～5人くらいのグループをつくって，ギャラリートークを進めていくのだが，どのグループも先生たちはよくしゃべる。時折，笑い声が響くのは，その子らしさを見付けたとき。その子のことを先生た

写真1

写真2

「持ち上げてみると作品のよさが分かります」隙間に描いたこの子の気持ちを語る先生。

6年生の作品の前でしみじみ語る。

ちは共通に知っているので,「うん,うん,この子らしい表現だよね」となる(写真1)。時には「なぜ?」という作品にも出合う。テーマは「みんなで育てたおいも」なのに,「なんで,葉っぱだけなの」と先生たちが不思議がった絵(写真2)。しかしよく見ると,この子にとっては,いもよりも葉っぱが描きたかったんだと分かってくる。「葉っぱの裏側の色が薄いので,裏側の色をつくるのを工夫しました」と感想にあるように,自分で表したいことを思い付く発想力,葉っぱと茎のつながり方を捉えて表す技能などこの子が発揮した力を先生たちは共有していく。このように育つ力を味わうことは,明日の授業づくりを考えることにつながっていく。

5　実技研修から,授業づくり研究へチェンジ

教えてもらって技能を磨く研修から,授業づくり研究へ移っていく実技研修を目指したい。教師が教えたいことを子供が学びたいことに変えるために,アイデアを出し合う事例を紹介する。

(1)　城陽市・久御山町小学校教育研究会夏季実技研修の事例

材料交換でアイデアがふくらむね。

模擬授業スタイルで実技研修は始まった。

「こんな木のお家があったらステキだなあというお話です。聞いてくださいね」絵本の読み聞かせを聞くのは子供役の先生たち。

好きな色画用紙を選んで,木の皮みたいにしわしわにする活動をすると,

共同制作にしたくなるかも?
つなげて大きな1本の木になった。

「すっごく楽しい！」という言葉が飛び出した。子供の気持ちをその場で表現する。

ちぎったり，切ったりしてできた形を見つめながら組み合わせて木をつくっていく。

パスの技法を使って光る木の実ができた。

途中，交換タイムでお互いの紙を分け合いながら鑑賞の力も働いていく。「このアイデアいいねえ」活動の中で働く資質や能力を言葉にしながら進める実技研修である。

（2） 堺市立五箇荘東小学校の実技研修の事例

色を写し取る造形遊びの活動では，きれいなカードがいっぱいできた。鑑賞を楽しんだ後，「このあと，子供はどうしたい？」子供の顔を思い浮かべて授業の続きを考えていく先生たちである（下写真）。

小学校学習指導要領
平成29年3月
〔抜粋〕

第2章 各教科
第7節 図画工作
第1 目標

表現及び鑑賞の活動を通して，造形的な見方・考え方を働かせ，生活や社会の中の形や色などと豊かに関わる資質・能力を次のとおり育成することを目指す。

(1) 対象や事象を捉える造形的な視点について自分の感覚や行為を通して理解するとともに，材料や用具を使い，表し方などを工夫して，創造的につくったり表したりすることができるようにする。

(2) 造形的なよさや美しさ，表したいこと，表し方などについて考え，創造的に発想や構想をしたり，作品などに対する自分の見方や感じ方を深めたりすることができるようにする。

(3) つくりだす喜びを味わうとともに，感性を育み，楽しく豊かな生活を創造しようとする態度を養い，豊かな情操を培う。

第2 各学年の目標及び内容

〔第1学年及び第2学年〕

1 目標

(1) 対象や事象を捉える造形的な視点について自分の感覚や行為を通して気付くとともに，手や体全体の感覚などを働かせ材料や用具を使い，表し方などを工夫して，創造的につくったり表したりすることができるようにする。

(2) 造形的な面白さや楽しさ，表したいこと，表し方などについて考え，楽しく発想や構想をしたり，身の回りの作品などから自分の見方や感じ方を広げたりすることができるようにする。

(3) 楽しく表現したり鑑賞したりする活動に取り組み，つくりだす喜びを味わうとともに，形や色などに関わり楽しい生活を創造しようとする態度を養う。

2 内容

A 表現

(1) 表現の活動を通して，発想や構想に関する次の事項を身に付けることができるよう指導する。

ア 造形遊びをする活動を通して，身近な自然物や人工の材料の形や色などを基に造形的な活動を思い付くことや，感覚や気持ちを生かしながら，どのように活動するかについて考えること。

イ 絵や立体，工作に表す活動を通して，感じたこと，想像したことから，表したいことを見付けることや，好きな形

資　料

　　　　や色を選んだり，いろいろな形や色を考えたりしながら，どのように表すかについて考えること。
　(2)　表現の活動を通して，技能に関する次の事項を身に付けることができるよう指導する。
　　　ア　造形遊びをする活動を通して，身近で扱いやすい材料や用具に十分に慣れるとともに，並べたり，つないだり，積んだりするなど手や体全体の感覚などを働かせ，活動を工夫してつくること。
　　　イ　絵や立体，工作に表す活動を通して，身近で扱いやすい材料や用具に十分に慣れるとともに，手や体全体の感覚などを働かせ，表したいことを基に表し方を工夫して表すこと。
　B　鑑　賞
　(1)　鑑賞の活動を通して，次の事項を身に付けることができるよう指導する。
　　　ア　身の回りの作品などを鑑賞する活動を通して，自分たちの作品や身近な材料などの造形的な面白さや楽しさ，表したいこと，表し方などについて，感じ取ったり考えたりし，自分の見方や感じ方を広げること。
〔共通事項〕
　(1)　「A表現」及び「B鑑賞」の指導を通して，次の事項を身に付けることができるよう指導する。
　　　ア　自分の感覚や行為を通して，形や色などに気付くこと。
　　　イ　形や色などを基に，自分のイメージをもつこと。

〔第3学年及び第4学年〕
1　目　標
　(1)　対象や事象を捉える造形的な視点について自分の感覚や行為を通して分かるとともに，手や体全体を十分に働かせ材料や用具を使い，表し方などを工夫して，創造的につくったり表したりすることができるようにする。
　(2)　造形的なよさや面白さ，表したいこと，表し方などについて考え，豊かに発想や構想をしたり，身近にある作品などから自分の見方や感じ方を広げたりすることができるようにする。
　(3)　進んで表現したり鑑賞したりする活動に取り組み，つくりだす喜びを味わうとともに，形や色などに関わり楽しく豊かな生活を創造しようとする態度を養う。
2　内　容
A　表　現
　(1)　表現の活動を通して，発想や構想に関する次の事項を身に付けることができるよう指導する。
　　　ア　造形遊びをする活動を通し

て，身近な材料や場所などを基に造形的な活動を思い付くことや，新しい形や色などを思い付きながら，どのように活動するかについて考えること。
　イ　絵や立体，工作に表す活動を通して，感じたこと，想像したこと，見たことから，表したいことを見付けることや，表したいことや用途などを考え，形や色，材料などを生かしながら，どのように表すかについて考えること。
(2)　表現の活動を通して，技能に関する次の事項を身に付けることができるよう指導する。
　ア　造形遊びをする活動を通して，材料や用具を適切に扱うとともに，前学年までの材料や用具についての経験を生かし，組み合わせたり，切ってつないだり，形を変えたりするなどして，手や体全体を十分に働かせ，活動を工夫してつくること。
　イ　絵や立体，工作に表す活動を通して，材料や用具を適切に扱うとともに，前学年までの材料や用具についての経験を生かし，手や体全体を十分に働かせ，表したいことに合わせて表し方を工夫して表すこと。
B　鑑　賞
(1)　鑑賞の活動を通して，次の事項を身に付けることができるよう指導する。
　ア　身近にある作品などを鑑賞する活動を通して，自分たちの作品や身近な美術作品，製作の過程などの造形的なよさや面白さ，表したいこと，いろいろな表し方などについて，感じ取ったり考えたりし，自分の見方や感じ方を広げること。
〔共通事項〕
(1)　「A表現」及び「B鑑賞」の指導を通して，次の事項を身に付けることができるよう指導する。
　ア　自分の感覚や行為を通して，形や色などの感じが分かること。
　イ　形や色などの感じを基に，自分のイメージをもつこと。
〔第5学年及び第6学年〕
1　目　標
(1)　対象や事象を捉える造形的な視点について自分の感覚や行為を通して理解するとともに，材料や用具を活用し，表し方などを工夫して，創造的につくったり表したりすることができるようにする。
(2)　造形的なよさや美しさ，表したいこと，表し方などについて考え，創造的に発想や構想をしたり，親しみのある作品などから自分の見方や感じ方を深めたりすることができるようにす

る。
(3) 主体的に表現したり鑑賞したりする活動に取り組み，つくりだす喜びを味わうとともに，形や色などに関わり楽しく豊かな生活を創造しようとする態度を養う。

2　内　容

A　表　現

(1) 表現の活動を通して，発想や構想に関する次の事項を身に付けることができるよう指導する。

　ア　造形遊びをする活動を通して，材料や場所，空間などの特徴を基に造形的な活動を思い付くことや，構成したり周囲の様子を考え合わせたりしながら，どのように活動するかについて考えること。

　イ　絵や立体，工作に表す活動を通して，感じたこと，想像したこと，見たこと，伝え合いたいことから，表したいことを見付けることや，形や色，材料の特徴，構成の美しさなどの感じ，用途などを考えながら，どのように主題を表すかについて考えること。

(2) 表現の活動を通して，技能に関する次の事項を身に付けることができるよう指導する。

　ア　造形遊びをする活動を通して，活動に応じて材料や用具を活用するとともに，前学年までの材料や用具についての経験や技能を総合的に生かしたり，方法などを組み合わせたりするなどして，活動を工夫してつくること。

　イ　絵や立体，工作に表す活動を通して，表現方法に応じて材料や用具を活用するとともに，前学年までの材料や用具などについての経験や技能を総合的に生かしたり，表現に適した方法などを組み合わせたりするなどして，表したいことに合わせて表し方を工夫して表すこと。

B　鑑　賞

(1) 鑑賞の活動を通して，次の事項を身に付けることができるよう指導する。

　ア　親しみのある作品などを鑑賞する活動を通して，自分たちの作品，我が国や諸外国の親しみのある美術作品，生活の中の造形などの造形的なよさや美しさ，表現の意図や特徴，表し方の変化などについて，感じ取ったり考えたりし，自分の見方や感じ方を深めること。

〔共通事項〕

(1) 「Ａ表現」及び「Ｂ鑑賞」の指導を通して，次の事項を身に付けることができるよう指導する。

　ア　自分の感覚や行為を通して，形や色などの造形的な特徴を理解すること。

イ 形や色などの造形的な特徴を基に，自分のイメージをもつこと。

第3 指導計画の作成と内容の取扱い
1 指導計画の作成に当たっては，次の事項に配慮するものとする。
 (1) 題材など内容や時間のまとまりを見通して，その中で育む資質・能力の育成に向けて，児童の主体的・対話的で深い学びの実現を図るようにすること。その際，造形的な見方・考え方を働かせ，表現及び鑑賞に関する資質・能力を相互に関連させた学習の充実を図ること。
 (2) 第2の各学年の内容の「A表現」及び「B鑑賞」の指導については相互の関連を図るようにすること。ただし，「B鑑賞」の指導については，指導の効果を高めるため必要がある場合には，児童や学校の実態に応じて，独立して行うようにすること。
 (3) 第2の各学年の内容の〔共通事項〕は，表現及び鑑賞の学習において共通に必要となる資質・能力であり，「A表現」及び「B鑑賞」の指導と併せて，十分な指導が行われるよう工夫すること。
 (4) 第2の各学年の内容の「A表現」については，造形遊びをする活動では，(1)のア及び(2)のアを，絵や立体，工作に表す活動では，(1)のイ及び(2)のイを関連付けて指導すること。その際，(1)のイ及び(2)のイの指導に配当する授業時数については，工作に表すことの内容に配当する授業時数が，絵や立体に表すことの内容に配当する授業時数とおよそ等しくなるように計画すること。
 (5) 第2の各学年の内容の「A表現」の指導については，適宜共同してつくりだす活動を取り上げるようにすること。
 (6) 第2の各学年の内容の「B鑑賞」においては，自分たちの作品や美術作品などの特質を踏まえて指導すること。
 (7) 低学年においては，第1章総則の第2の4の(1)を踏まえ，他教科等との関連を積極的に図り，指導の効果を高めるようにするとともに，幼稚園教育要領等に示す幼児期の終わりまでに育ってほしい姿との関連を考慮すること。特に，小学校入学当初においては，生活科を中心とした合科的・関連的な指導や，弾力的な時間割の設定を行うなどの工夫をすること。
 (8) 障害のある児童などについては，学習活動を行う場合に生じる困難さに応じた指導内容や指導方法の工夫を計画的，組織的に行うこと。
 (9) 第1章総則の第1の2の(2)に示す道徳教育の目標に基づき，

道徳科などとの関連を考慮しながら,第3章特別の教科道徳の第2に示す内容について,図画工作科の特質に応じて適切な指導をすること。
2 第2の内容の取扱いについては,次の事項に配慮するものとする。
(1) 児童が個性を生かして活動することができるようにするため,学習活動や表現方法などに幅をもたせるようにすること。
(2) 各学年の「A表現」及び「B鑑賞」の指導を通して,児童が〔共通事項〕のアとイとの関わりに気付くようにすること。
(3) 〔共通事項〕のアの指導に当たっては,次の事項に配慮し,必要に応じて,その後の学年で繰り返し取り上げること。
 ア 第1学年及び第2学年においては,いろいろな形や色,触った感じなどを捉えること。
 イ 第3学年及び第4学年においては,形の感じ,色の感じ,それらの組合せによる感じ,色の明るさなどを捉えること。
 ウ 第5学年及び第6学年においては,動き,奥行き,バランス,色の鮮やかさなどを捉えること。
(4) 各学年の「A表現」の指導に当たっては,活動の全過程を通して児童が実現したい思いを大切にしながら活動できるようにし,自分のよさや可能性を見いだし,楽しく豊かな生活を創造しようとする態度を養うようにすること。
(5) 各活動において,互いのよさや個性などを認め尊重し合うようにすること。
(6) 材料や用具については,次のとおり取り扱うこととし,必要に応じて,当該学年より前の学年において初歩的な形で取り上げたり,その後の学年で繰り返し取り上げたりすること。
 ア 第1学年及び第2学年においては,土,粘土,木,紙,クレヨン,パス,はさみ,のり,簡単な小刀類など身近で扱いやすいものを用いること。
 イ 第3学年及び第4学年においては,木切れ,板材,釘,水彩絵の具,小刀,使いやすいのこぎり,金づちなどを用いること。
 ウ 第5学年及び第6学年においては,針金,糸のこぎりなどを用いること。
(7) 各学年の「A表現」の(1)のイ及び(2)のイについては,児童や学校の実態に応じて,児童が工夫して楽しめる程度の版に表す経験や焼成する経験ができるようにすること。
(8) 各学年の「B鑑賞」の指導に当たっては,児童や学校の実態

に応じて，地域の美術館などを利用したり，連携を図ったりすること。
(9) 各学年の「A表現」及び「B鑑賞」の指導に当たっては，思考力，判断力，表現力等を育成する観点から，〔共通事項〕に示す事項を視点として，感じたことや思ったこと，考えたことなどを，話したり聞いたり話し合ったりする，言葉で整理するなどの言語活動を充実すること。
(10) コンピュータ，カメラなどの情報機器を利用することについては，表現や鑑賞の活動で使う用具の一つとして扱うとともに，必要性を十分に検討して利用すること。
(11) 創造することの価値に気付き，自分たちの作品や美術作品などに表れている創造性を大切にする態度を養うようにすること。また，こうした態度を養うことが，美術文化の継承，発展，創造を支えていることについて理解する素地となるよう配慮すること。
3 造形活動で使用する材料や用具，活動場所については，安全な扱い方について指導する，事前に点検するなどして，事故防止に留意するものとする。
4 校内の適切な場所に作品を展示するなどし，平素の学校生活においてそれを鑑賞できるよう配慮するものとする。また，学校や地域の実態に応じて，校外に児童の作品を展示する機会を設けるなどするものとする。

編者・執筆者一覧

● 編　者

奥村高明（聖徳大学教授）

● 執筆者

阿部宏行（北海道教育大学教授）	1章1節
山田一美（東京学芸大学教授）	1章2節
大泉義一（横浜国立大学准教授）	1章3節
三根和浪（広島大学大学院准教授）	1章4節
奥村高明（上掲）	2章1節1・2
小林貴史（東京造形大学教授）	2章1節3
山根淳一（埼玉県戸田市立新曽北小学校校長）	2章2節1
大櫃重剛（東京学芸大学附属世田谷小学校教諭）	2章2節2
川島仁氏（広島市立梅林小学校主幹教諭）	2章2節3
早坂美樹（高畠町教育委員会指導主事）	2章3節
小林恭代（千葉大学教育学部附属小学校教諭）	3章1節
飛知和朋子（さいたま市立高砂小学校教諭）	3章2節1，3節2
宮内　愛（東京都中野区立平和の森小学校教諭）	3章2節2・3
坂本　晶（千葉県四街道市立和良比小学校教諭）	3章3節1
森實祐里（札幌市立星置東小学校教諭）	3章3節3
中下美華（京都市立西京極西小学校校長）	4章1節
山田芳明（鳴門教育大学大学院准教授）	4章2節
福岡知子（大阪教育大学非常勤講師）	4章3節

［掲載順／職名は執筆時現在］

●編著者プロフィール

奥村高明（おくむら・たかあき）
聖徳大学教授

1958年宮崎県生まれ。芸術学博士。聖徳大学児童学部長，教授。公立小中学校教諭，宮崎大学教育学部附属小学校教官，宮崎県立美術館学芸員，文部科学省教育課程教科調査官，国立教育政策研究所教育課程調査官を経て現職。主な著書に『子どもの絵の見方―子どもの世界を鑑賞するまなざし―』（東洋館出版社），監訳『美術館活用術―鑑賞教育の手引き』（美術出版社），『エグゼクティブは美術館に集う―「脳力」を覚醒する美術鑑賞―』（光村図書出版），Webマガジン『学び！と美術』（日本文教出版）などがある。

平成29年改訂
小学校教育課程実践講座
図画工作

2018年1月15日　第1刷発行

編　著　奥村高明

発　行　株式会社ぎょうせい

〒136-8575　東京都江東区新木場1-18-11
電　話　編集　03-6892-6508
　　　　営業　03-6892-6666
フリーコール　0120-953-431
URL：https://gyosei.jp

〈検印省略〉

印刷　ぎょうせいデジタル株式会社
乱丁・落丁本は，送料小社負担にてお取り替えいたします。
©2018　Printed in Japan　禁無断転載・複製
ISBN978-4-324-10309-8（3100534-01-008）［略号：29小課程（図）］

平成29年改訂 小学校教育課程実践講座
全14巻

☑ 豊富な先行授業事例・指導案
☑ Q&Aで知りたい疑問を即解決！
☑ 信頼と充実の執筆陣

⇒ 学校現場の ❓ に即アプローチ！
明日からの授業づくりに直結!!

A5判・本文2色刷り・各巻220～240頁程度
セット定価(本体25,200円+税) 各巻定価(本体1,800円+税)
セット送料サービス　　　　　　　　　　各巻送料300円

巻構成　編者一覧

- **総則** 天笠 茂（千葉大学特任教授）
- **国語** 樺山敏郎（大妻女子大学准教授）
- **社会** 北 俊夫（国士舘大学教授）
- **算数** 齊藤一弥（高知県教育委員会学力向上総括専門官）
- **理科** 日置光久（東京大学特任教授）
  田村正弘（東京都足立区立千寿小学校校長）
  川上真哉（東京大学特任研究員）
- **生活** 朝倉 淳（広島大学教授）
- **音楽** 宮下俊也（奈良教育大学教授・副学長・理事）
- **図画工作** 奥村高明（聖徳大学教授）
- **家庭** 岡 陽子（佐賀大学大学院教授）
  鈴木明子（広島大学大学院教授）
- **体育** 岡出美則（日本体育大学教授）
- **外国語活動・外国語** 菅 正隆（大阪樟蔭女子大学教授）
- **特別の教科 道徳** 押谷由夫（武庫川女子大学教授）
- **総合的な学習の時間** 田村 学（國學院大學教授）
- **特別活動** 有村久春（東京聖栄大学教授）

株式会社 ぎょうせい
フリーコール TEL:0120-953-431 [平日9～17時] FAX:0120-953-495
〒136-8575 東京都江東区新木場1-18-11
https://shop.gyosei.jp　ぎょうせいオンライン 検索

平成29年改訂
中学校教育課程実践講座
全13巻

☑ **豊富な先行授業事例・指導案**
☑ **Q&Aで知りたい疑問を即解決！**
☑ **信頼と充実の執筆陣**

⇒ 学校現場の ❓ に即アプローチ！
明日からの授業づくりに直結!!

A5判・本文2色刷り・各巻220〜240頁程度
セット定価（本体 **23,400**円＋税） 各巻定価（本体 **1,800**円＋税）
セット送料サービス　　　　　　　　　　各巻送料300円

巻構成　編者一覧

- ●**総則**　天笠　茂（千葉大学特任教授）
- ●**国語**　髙木展郎（横浜国立大学名誉教授）
- ●**社会**　工藤文三（大阪体育大学教授）
- ●**数学**　永田潤一郎（文教大学准教授）
- ●**理科**　小林辰至（上越教育大学大学院教授）
- ●**音楽**　宮下俊也（奈良教育大学教授・副学長・理事）
- ●**美術**　永関和雄（武蔵野美術大学非常勤講師）
　　　　安藤聖子（明星大学非常勤講師）
- ●**保健体育**　今関豊一（日本体育大学大学院教授）

- ●**技術・家庭**
　〈技術分野〉古川　稔（福岡教育大学特命教授）
　〈家庭分野〉杉山久仁子（横浜国立大学教授）
- ●**外国語**　菅　正隆（大阪樟蔭女子大学教授）
- ●**特別の教科 道徳**　押谷由夫（武庫川女子大学教授）
- ●**総合的な学習の時間**　田村　学（國學院大學教授）
- ●**特別活動**　城戸　茂（愛媛大学教授）
　　　　　　島田光美（日本体育大学非常勤講師）
　　　　　　美谷島正義（東京女子体育大学教授）
　　　　　　三好仁司（日本体育大学教授）

株式会社 ぎょうせい
フリーコール
TEL：0120-953-431 [平日9〜17時] FAX：0120-953-495
https://shop.gyosei.jp　ぎょうせいオンライン　検索

〒136-8575 東京都江東区新木場1-18-11

中教審答申解説 2017

「社会に開かれた教育課程」で育む資質・能力

白梅学園大学教授
中央教育審議会教育課程部会長
無藤 隆 ＋『新教育課程ライブラリ』編集部［編］

A5判・定価（本体2,700円＋税）

電子版 本体2,700円＋税
※電子版はぎょうせいオンラインからご注文ください。

新学習指導要領の理解が深まる！

- 中教審のキーマンが新学習指導要領の基本的な方向性を端的に解説。
- 学校づくり・授業づくりを進めるテキストとして、学校の教育計画づくりや校内研修にも最適！

中教審答申解説2017
「社会に開かれた教育課程」で育む資質・能力
無藤 隆＋『新教育課程ライブラリ』編集部／編

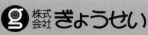

フリーコール
TEL：0120-953-431 [平日9〜17時] FAX：0120-953-495
https://shop.gyosei.jp ぎょうせいオンライン 検索

〒136-8575 東京都江東区新木場1-18-11

次代を創る「資質・能力」を育む学校づくり

新しい学習指導要領が描く「学校」の姿とは——。明日からの学校づくりのための「課題」と「方策」を、スクールリーダーに向けて明示！

管理職試験対策に必備

吉冨芳正(明星大学教授)／編集
A5判・全3巻
セット定価(本体7,200円+税)送料サービス
各巻定価(本体2,400円+税)送料300円

第1巻 「社会に開かれた教育課程」と新しい学校づくり
各分野の研究・実践の第一人者が、新指導要領下の学校経営のポイントを丁寧に解説。

第2巻 「深く学ぶ」子供を育てる学級づくり・授業づくり
学習評価、道徳科、特別活動など新指導要領で重視されているテーマについて考え方・進め方を詳解。

第3巻 新教育課程とこれからの研究・研修
写真や図を豊富に用いて各地の小中学校・教委による実践事例を紹介。取り組みのための具体的ヒントが満載。

 株式会社 ぎょうせい

フリーコール
TEL：0120-953-431 [平日9〜17時]　**FAX：0120-953-495**
https://shop.gyosei.jp　ぎょうせいオンライン　検索

〒136-8575 東京都江東区新木場1-18-11

ミュージアム（博物館、資料館、美術館、動物園、水族館、植物園など）の"上手な活用法"を大公開！

子どもとミュージアム
学校で使えるミュージアム活用ガイド

【編集】公益財団法人　日本博物館協会
B5判・定価（本体2,000円＋税）

社会科、理科、図画工作・美術科、総合的な学習の時間など、実際の活用事例を多数収録。
意外？──外国語や道徳での活用アイデアもご紹介。
ミュージアムの裏側や基礎知識がわかるQ&Aも収録。

学力向上、授業力・生徒指導力アップ──。
学校改善の決定版！！

「カリマネ」で学校はここまで変わる！
（カリキュラムマネジメント）
続・学びを起こす授業改革

村川雅弘・野口　徹・田村知子・西留安雄【編著】
B5判・定価（本体2,000円＋税）

「カリキュラムマネジメント」で実際に学校改善を果たした選りすぐりの実践校を紹介。
すぐに役立つ理論と手法を提案します。
学力向上、授業力や生徒指導の充実など学校の喫緊な課題に対応した実践的な内容を提供！

カウンセリング・テクニックで教師力をアップ！

学級がうまくまとまらない。不登校や特別支援の秘策はないの？…
教師の"つまずき"にすぐ効くテクニックがひと目でわかるチャートつき！

カウンセリング・テクニック
で高める「教師力」　全5巻

B5判・セット定価（本体10,000円＋税）　各巻定価（2,000円＋税）

第❶巻	学級づくりと授業に生かすカウンセリング	編著：会沢信彦・赤坂真二
第❷巻	気になる子と関わるカウンセリング	編著：黒沢幸子・金山健一
第❸巻	特別支援教育に生かせるカウンセリング	編著：曽山和彦・岸田優代
第❹巻	保護者との信頼関係をつくるカウンセリング	編著：土田雄一・小柴孝子
第❺巻	教師のチーム力を高めるカウンセリング	編著：水野治久・梅川康治

編集代表：諸富　祥彦

株式会社ぎょうせい　フリーコール　TEL：0120-953-431 [平日9〜17時]　FAX：0120-953-495
〒136-8575　東京都江東区新木場1-18-11　https://shop.gyosei.jp　　ぎょうせいオンライン　検索

平成22年の常用漢字改定に対応！
あらゆる文書事務に必携の図書選！

分かりやすい**公用文の書き方** 改訂版

礒崎陽輔／著　A5判　定価（本体1,905円＋税）

公務員業務に欠かせない公用文のルールについて、基本原則と例外、間違いやすい実例を、豊富な例文とともに解説します。初任者からベテランまで、この1冊で正しい公用文を書くことができます。

分かりやすい**法律・条例の書き方** 改訂版

礒崎陽輔／著　A5判　定価（本体2,000円＋税）

誰でも通読しやすいコンパクトな法制執務の基本書。法律・条例を書く際に必要な知識はこの1冊で一通り理解できます。例規起案担当者が悩みやすいポイントまで踏み込んで解説を加えています。

法令用字用語必携 第4次改訂版

法令用字用語研究会／監修　B6判　定価（本体1,714円＋税）

法令に用いる用字用語を完全に網羅した、法令・条例起案関係者の必携書です。音訓索引はもちろん、常用漢字の改定に関連する内閣法制局通知、内閣告示、内閣訓令なども収録しています。

最新 **公用文用字用語例集** 改定常用漢字対応

ぎょうせい公用文研究会／編　A5判　定価（本体1,714円＋税）

公用文を書き表す際の標準である「公用文用字用語例集」を中心に、公用文に関する基本的な関係資料等を収録しています。「この用語は漢字とひらがな、どっちがいいか…」と迷った際の指針となる1冊。

常用漢字・送り仮名・現代仮名遣い・筆順 **例解辞典** 改訂新版

高田智和／改訂新版監修　野元菊雄／新版監修　白石大二／編集
A6判　定価（本体1,524円＋税）

国語表記の基準を示したベストセラー。あらゆる文書作成に役立ち、コンパクトサイズで手元に置いて使いやすい、信頼の1冊です。

 株式会社 **ぎょうせい**　フリーコール TEL：0120-953-431 [平日9～17時] FAX：0120-953-495

〒136-8575 東京都江東区新木場1-18-11　**https://shop.gyosei.jp**　　ぎょうせいオンライン [検索]

「特別支援教育」の考え方・進め方が **事例でわかるシリーズ!**

共生社会の時代の特別支援教育 全3巻

編集代表 **柘植雅義**（筑波大学教授）

A5判・セット定価（本体**7,500**円＋税）送料サービス
各巻定価（本体**2,500**円＋税）送料300円 ［電子版］各巻定価（本体**2,500**円＋税）
※送料は平成29年11月現時点の料金です。　※電子版はぎょうせいオンライン（https://shop.gyosei.jp）からご注文ください。

「特別支援教育」の今を知り、目の前の子供たちに向き合っていく。
その確かな手がかりがここに。

巻構成

第1巻 新しい特別支援教育 インクルーシブ教育の今とこれから
特別支援教育の現状と課題をコンパクトにまとめ、学校種ごとの実践のポイントについて事例を通して紹介いたします。

編集代表 柘植雅義（筑波大学教授）　編 著 石橋由紀子（兵庫教育大学大学院准教授）
　　　　　　　　　　　　　　　　　　　　伊藤由美（国立特別支援教育総合研究所主任研究員）
　　　　　　　　　　　　　　　　　　　　吉利宗久（岡山大学大学院准教授）

第2巻 学びを保障する指導と支援 すべての子供に配慮した学習指導
障害のある子供への指導・支援、すべての子供が共に学び合う環境づくり、授業における合理的配慮の実際など、日々の実践に直結した事例が満載です。

編集代表 柘植雅義（筑波大学教授）　編 著 熊谷恵子（筑波大学教授）
　　　　　　　　　　　　　　　　　　　　日野久美子（佐賀大学大学院教授）
　　　　　　　　　　　　　　　　　　　　藤本裕人（帝京平成大学教授）

第3巻 連携とコンサルテーション 多様な子供を多様な人材で支援する
学校内外の人材をどう生かし子供の学びと育ちを支えていくか。生徒指導や教育相談の在り方は、保護者の関わりは、様々な連携策を事例で示します。

編集代表 柘植雅義（筑波大学教授）　編 著 大石幸二（立教大学教授）
　　　　　　　　　　　　　　　　　　　　鎌塚優子（静岡大学教授）
　　　　　　　　　　　　　　　　　　　　滝川国芳（東洋大学教授）

株式会社 **ぎょうせい**
〒136-8575 東京都江東区新木場1-18-11

フリーコール
TEL：0120-953-431 ［平日9～17時］ **FAX：0120-953-495**
https://shop.gyosei.jp　ぎょうせいオンライン 検索